MÉTHODE
D'ORTHOGRAPHE

EXERCICES, DEVOIRS ET PRINCIPES

PAR

M. L.-C. MICHEL

PROFESSEUR A L'ÉCOLE MUNICIPALE TURGOT
A PARIS.

LIVRE DU MAITRE.

Deuxième Édition.

PARIS

DEZOBRY, E. MAGDELEINE ET Cie, LIBRAIRES-ÉDITEURS

Rue des Écoles, 78

(Près du Musée de Cluny et de la Sorbonne).

MÉTHODE

D'ORTHOGRAPHE

LIVRE DU MAITRE

PARIS. — IMPRIMERIE DE J. CLAYE, RUE SAINT-BENOIT, 7. — 1858

MÉTHODE

D'ORTHOGRAPHE

EXERCICES, DEVOIRS ET PRINCIPES

PAR

M. L.-C. MICHEL

PROFESSEUR A L'ÉCOLE MUNICIPALE TURGOT

A PARIS

LIVRE DU MAITRE

Deuxième édition

PARIS

DEZOBRY, E. MAGDELEINE ET Cᵉ, LIB.-ÉDIT.

RUE DES ÉCOLES, 78

PRÈS DU MUSÉE DE CLUNY ET DE LA SORBONNE.

1859

TABLE DES MATIÈRES

CHAPITRE III.

AVERTISSEMENT

DE L'AUTEUR

SUR CETTE NOUVELLE ÉDITION.

Nous avons tardé à publier cette nouvelle édition de notre *Méthode d'orthographe* afin de la rendre plus digne de l'accueil fait à la première ; nous l'avons revue avec un soin scrupuleux, nous attachant à y introduire les améliorations dont les observations de plusieurs instituteurs et institutrices, et notre propre expérience, nous avaient indiqué l'opportunité.

Voici en quoi consistent ces améliorations :

1° La méthode a été rendue d'une application plus facile et plus pratique en ce que les explications, les exercices et les devoirs ont été mieux appropriés au degré de connaissances des enfants et à la marche d'une classe élémentaire.

2° Les matières des leçons ont été réparties d'une manière plus régulière et mieux proportionnée.

3° L'étude des désinences a été étendue de façon à embrasser les notions les plus indispensables sur le *genre* et le *nombre* dans les noms et les adjectifs, sur les *personnes* et les *temps* dans les verbes.

Ces premiers principes d'orthographe grammaticale complètent utilement le cours d'orthographe pour les enfants qui ne sont pas destinés à pousser leur instruction plus loin ; elles initient et préparent non moins utilement les autres à l'étude de la grammaire proprement dite.

4° De nombreux sujets d'exercices et de devoirs ont été ajoutés à chaque leçon afin de multiplier les applications pratiques, et de faciliter aux maîtres les moyens d'avoir toujours sous la main une occupation utile à donner aux élèves.

AVIS PRÉLIMINAIRE

SUR

LE PLAN ET LA MARCHE DE CETTE MÉTHODE

ET SUR

LA MANIÈRE DE LA METTRE EN PRATIQUE

Nous nous proposons un double but dans cette Méthode :

Le premier, d'appendre aux enfants l'orthographe proprement dite ;

Le second, d'ouvrir et de développer leur intelligence, et de les préparer à l'étude de la grammaire qui va suivre en leur faisant tirer parti de la connaissance de la lecture qu'ils viennent d'acquérir.

Il s'écoule et il doit s'écouler d'ordinaire un intervalle plus ou moins grand entre le moment où un enfant commence à lire et celui où on l'introduit dans le domaine des études grammaticales régulières.

Plusieurs motifs rendent ce temps d'arrêt nécessaire. La main de l'enfant n'est encore ni assez ferme, ni assez formée pour suffire aux exigences des devoirs écrits qu'imposent les cours de grammaire.

En outre, la signification des mots ne lui est pas assez familière, et il a besoin d'acquérir beaucoup de notions élémentaires indispensables pour aborder avec succès l'étude grammaticale de la langue.

L'enseignement de l'orthographe est très-propre à occuper avec fruit cet intervalle. Il se lie à la connaissance de la lecture et de la prononciation. Il fait passer en revue une grande quantité de mots, et fournit l'occasion d'en expliquer le sens. Il étend ainsi successivement les limites des connaissances de l'enfant, en exerçant son intelligence et en cultivant son jugement et son cœur. Il le prépare par là aux études qui exigent un certain fonds de connaissances et quelque développement d'esprit.

Nous avons donc une double tâche à remplir dans ce cours.

La première est d'apprendre aux enfants à bien écrire les mots qu'ils ont appris à bien lire, et à leur enseigner, par la pratique et par l'exercice, les lois et les règles de notre orthographe. Ces lois et ces règles ne sont ni aussi inconséquentes ni aussi bizarres qu'on le croit communément, précisément parce que l'on n'en fait pas une étude assez réflechie.

Notre orthographe, à peu d'exceptions près, est réellement fondée au contraire, et tout autant que notre grammaire, sur la logique et le bon sens. On en restera convaincu, nous l'esperons, après avoir étudié cette Méthode.

La seconde partie de notre tâche, et la plus importante à nos yeux, a été de nous servir de cette étude de l'orthographe pour etendre le cercle des idées de l'enfant, pour eveiller et pour exercer les facultés naissantes de son intelligence, pour l'introduire peu à peu, et selon ses forces et ses besoins, dans la connaissance du monde physique et du monde moral dans lesquels il entre, et où il est si important de guider et de soutenir ses premiers pas.

Comme la voie dans laquelle nous engageons ici les mères et les instituteurs est loin d'être généralement suivie, nous croyons nécessaires quelques explications, pour en bien faire comprendre le caractère et les avantages, et mettre à même de la suivre sans obstacle.

Ces explications auront rapport 1° à l'enseignement orthographique ou à la connaissance des règles de l'orthographe; 2° à l'enseignement pédagogique ou à la culture des facultés intellectuelles et morales de l'enfant; 3° à la marche à suivre dans les leçons, et à l'ordre des parties dont elles se composent.

1° ENSEIGNEMENT DE L'ORTHOGRAPHE.

Quand un enfant a appris à lire, il sait prononcer, à la vue des caractères imprimés ou de l'écriture, les sons dont ces caractères sont les signes et les mots qu'ils expriment par leur réunion.

Si l'enfant a suivi une bonne méthode, il a appris de plus à connaître les différences générales qui existent entre les caractères ou les lettres dont nous venons de parler ; il sait les partager en classes distinctes d'après la nature des sons qu'elles représentent et d'après le rôle qu'elles jouent ; il sait la valeur précise de chacun de ces caractères ; il sait encore que cette valeur n'est pas toujours la même, et il connaît, d'une manière générale, les différents cas où cette valeur varie, c'est-à-dire où une lettre perd le son qui lui est propre, et en prend un différent de celui qu'elle a d'ordinaire. De plus, il connaît sommairement les lois et les règles d'après lesquelles les caractères ou les lettres se réunissent pour former les syllabes et les mots. Il connaît donc déjà, par l'usage et par la bonne direction donnée à l'étude de la lecture, les principes de notre orthographe et les lois générales qui la régissent.

Mais cette connaissance a besoin d'être complétée et affermie, non-seulement par une explication plus méthodique et plus détaillée de ces principes et de ces lois, mais encore par leur application continuelle dans la pratique [1].

Quand on lui montrait à lire, son travail consistait principalement à prononcer les sons et les mots conformément aux signes qu'il voyait écrits. Du moment où il sait lire et où il commence à écrire, l'exercice a lieu dans un ordre inverse : en entendant prononcer les sons et les mots, il

---

1. L'orthographe s'apprend surtout par l'usage ; mais l'usage, ici comme en tout, a besoin d'être éclairé par la connaissance des règles, et dirigé par la méthode ; autrement l'usage ne serait qu'une routine aveugle dont les tâtonnements et les erreurs mettraient à la torture l'esprit des enfants et retarderaient leurs progrès.

écrit les signes, c'est-à-dire les caractères ou les lettres qui les représentent. Dans le *Cours de lecture* il a donc appris à donner à chaque signe le véritable son qu'il doit avoir d'après sa nature ou d'après les circonstances. Dans le *Cours d'orthographe*, il apprend à représenter ou à écrire les sons et les mots prononcés par les signes ou par les caractères qui leur sont propres, soit d'après les lois générales du langage, soit d'après les circonstances particulières qui font exception à ces lois.

On le voit, si la marche du travail est différente dans l'étude de la lecture et de l'orthographe, ces deux connaissances reposent cependant sur la même base et sur les mêmes principes. L'orthographe n'est véritablement que la confirmation et le complément de la lecture.

L'enfant qui aura été formé par une bonne méthode de lecture, se trouvera donc en pays de connaissance en commençant l'orthographe. Il aura moins à y apprendre des choses nouvelles, qu'à compléter des notions acquises, en les revoyant avec plus d'ordre et de développement: c'est ce qui arrive à l'enfant qui a suivi notre Méthode de lecture, et pour lequel la Méthode d'orthographe n'offre ni difficultés ni lenteurs, parce qu'il y trouve partout la confirmation de ce qu'il savait déjà.

Il n'en est pas ainsi lorsque l'enfant a appris à lire par routine ou par des méthodes qui ne reposent que sur des procédés purement artificiels trop souvent en contradiction avec les vrais principes de la langue et de la logique.

La lecture ainsi apprise, bien loin de préparer l'enfant à l'orthographe a, au contraire, brouillé et confondu dans sa tête toutes les notions sur lesquelles cette connaissance repose. Mais ce qui est plus grave, au lieu de favoriser le développement naturel du jugement et du raisonnement de l'enfant, elle l'a contrarié et arrêté par des anomalies perpétuelles, ou l'a faussé par des applications presque toujours contradictoires.

L'enfant qui, sans autre préparation, passe de cet état à l'étude immédiate de la grammaire, doit y rencontrer des difficultés inextricables. Lors même qu'à force d'intelligence et de travail il parvient à les surmonter et à acquérir des connaissances grammaticales suffisantes, ces connaissances conservent toujours pour lui quelque chose d'incomplet, parce qu'il est dominé toute la vie par l'idée fausse que notre orthographe n'est soumise à aucune règle logique, et forme un chaos que l'usage seul peut aider à débrouiller.

Il est donc essentiel, avant de faire commencer l'étude de la grammaire proprement dite, d'y préparer par celle de l'orthographe. Il est essentiel de remettre de l'ordre, de la clarté, de l'enchaînement dans les notions obscures et confuses qu'un enseignement imparfait de la lecture a répandues sur les lois et le caractère de notre langue, et de rectifier les idees fausses qu'il en donne. Il est necessaire de montrer que les principes de notre orthographe reposent, comme ceux de notre grammaire, sur la raison et la logique, et que les contradictions et les confusions dont on les embarrasse tiennent aux vices des méthodes bien plus qu'au caractère de la langue même.

Tel est le but du livre que nous publions.

Si les enfants ont bien appris à lire et possèdent déjà la connaissance des principes de la lecture et de l'orthographe, il leur remet sous les yeux ces principes dans un ordre systématique, il les développe et les complète par des explications plus détaillées; il les fait appliquer dans des exercices multipliés et préparés sous le double point de vue de la connaissance de l'orthographe et du développement de l'intelligence et du sentiment.

Quant à l'enfant, au contraire, qui a appris à lire par routine, et dans l'esprit duquel les principes de la lecture et de l'orthographe forment un véritable chaos, il porte la lumière dans ce chaos; il l'y fait pénétrer peu à peu en exposant avec clarté, ordre et simplicité les véritables principes de la langue parlée et écrite; il lui en montre la liaison et l'enchaînement; il l'exerce graduellement à les appliquer.

Voici en quelques mots le plan et la marche que nous suivons pour atteindre ce but :

PLAN ET CADRE DU COURS.

Le cours se partage en trois parties ou trois chapitres distincts; ce qui permet, dans une école nombreuse, de grouper les enfants par classes ou par catégories, d'après le degré de leurs connaissances et de leur instruction déjà acquise.

Première classe. Après avoir fait comprendre à l'enfant à quoi sert le *langage*, après lui avoir expliqué comment il se compose de *phrases*, et comment les phrases sont formées de *mots;* nous faisons connaître les deux grandes divisions des éléments du langage *en voix* et en *articulations* représentées, les premières, par des caractères appelés *voyelles*, et les secondes, par des *consonnes*.

Nous énumérons toutes les voix et voyelles qui forment l'échelle phonique de la langue française : nous apprenons à classer ces voix d'une manière méthodique et à représenter chacune d'elles par le signe ou la lettre qui lui est propre.

Le son de la plupart de ces voix, bien que conservant la même nature, peut prendre dans la prononciation des nuances différentes que l'oreille doit saisir, et que la voix doit observer pour la régularité de la prononciation. Ces nuances tiennent :

1° Au plus ou moins de temps qu'on met à prononcer les sons ou les syllabes, ce qui donne lieu : 1° aux voix ou aux syllabes *longues;* 2° aux voix ou aux syllabes *brèves;*

2° A l'intonation, c'est-à-dire à la manière dont le son est formé dans l'organe vocal, ce qui donne lieu : 1° aux voix et aux syllabes *graves;* 2° aux voix et aux syllabes *aigues;*

3° A l'accentuation, c'est-à dire au plus ou moins d'élévation et d'intensité que prend la voix sur certaines syllabes, ce qui constitue l'accent tonique et donne lieu 1° aux syllabes *accentuées;* 2° aux syllabes *faibles*.

Sans insister, ce qui serait prématuré dans ce premier cours, sur ces distinctions, nous apprenons cependant à connaître sommairement de quelle manière les plus essentielles de ces nuances sont indiquées dans l'écriture, et doivent être observées dans la prononciation.

Après avoir étudié les voix ou les voyelles isolément, nous les étudions réunies entre elles, et formant par cette union des *diphthongues-voyelles*. Nous indiquons en outre d'une manière sommaire, les circonstances dans lesquelles cette union doit avoir lieu dans la prononciation, et celles où il faut, au contraire, prononcer séparément les deux voyelles. Les *diphthongues consonnes* donnent lieu à une étude analogue.

Cette première partie, qui comprend l'exposé des éléments des mots, et qui fait connaître les lettres et leur formation en syllabes, ainsi que la formation des syllabes en mots, se termine par l'explication des *signes orthographiques* dont la connaissance est indispensable à l'observation de l'orthographe.

Deuxième classe. Si chaque lettre avait toujours dans l'écriture sa valeur absolue, si le même son était toujours représenté par le même signe ou le même caractère, l'etude de l'orthographe ne donnerait lieu à aucune difficulté; mais il en est tout autrement.

Le même son ou la même voix peut être représentée par plusieurs signes ou par plusieurs lettres différentes. Il est donc des lettres qui, dans certaines circonstances, changent la valeur qui leur est propre contre une autre. Il en est même qui perdent cette valeur et restent complétement muettes dans la prononciation. C'est ici qu'on aborde les véritables difficultés de l'orthographe.

Il faut, en effet, faire connaître par combien de signes différents le même son peut être rendu.

Il faut faire connaître les différentes valeurs qu'un signe ou une lettre peut recevoir, et dans quelles circonstances ils les reçoivent.

Cette étude des lettres équivalentes ou des *équivalents*,

qui embrasse les consonnes comme les voyelles, constitue à elle seule la seconde partie de la méthode ou la seconde classe.

Troisième classe. La troisième partie comprend les lettres *muettes*, c'est-à-dire les lettres qui ne jouent aucun rôle dans la prononciation, et qui doivent cependant figurer dans l'écriture. Elle comprend encore l'emploi des *doubles consonnes*, la connaissance des cas où cet emploi doit avoir lieu, et enfin les règles de la *syllabation.*

L'emploi des doubles consonnes, en conduisant à la connaissance de la composition des mots et des familles de mots, introduit ainsi les elèves dans l'étude de l'étymologie, comme l'emploi des lettres muettes les a conduits à l'étude des finales grammaticales, et, par là même, les a fait pénétrer dans la grammaire.

Ainsi ce cours d'orthographe ne prépare pas seulement à l'étude de la grammaire; il en est réellement le premier degré.

2° ENSEIGNEMENT PÉDAGOGIQUE.

L'enseignement de l'orthographe, malgré les résultats pratiques et positifs que nous venons d'énumérer, n'est en quelque sorte pour nous que secondaire et occasionnel.

Le but essentiel à nos yeux, c'est, au moyen de ce cours, d'éveiller, d'exercer, de guider dans une bonne direction les facultés intellectuelles et morales des élèves, et de meubler leur esprit et leur cœur d'idées justes et de bons sentiments.

Tout en nous attachant donc à leur apprendre à prononcer et à écrire convenablement notre langue, nous nous attachons avec plus de soin encore à tirer parti de cette étude pour donner à leurs facultés le développement et la direction dont l'influence s'étendra à tout le cours de leur vie.

Tout en les initiant à la connaissance de la forme des mots et des règles du langage, nous nous appliquons surtout à leur donner par cette étude des idées nettes et justes des choses que ces mots expriment, et à les leur faire apprécier, non d'après la valeur arbitraire qu'y attachent les préjugés et les passions dans le langage commun, mais d'après celle que la raison, la morale et la religion nous apprennent à leur donner.

Ce serait se tromper que de croire qu'il y a confusion et danger à poursuivre ainsi ces deux buts à la fois. et que l'un fera manquer l'autre. Une longue experience nous a convaincu au contraire que les soins apportés à développer l'intelligence et le cœur de l'enfant, bien loin de nuire au progrès de l'étude de la langue, les facilite et les favorise; d'ailleurs l'exemple de l'enseignement maternel est là pour le prouver.

A mesure que la mère apprend à parler à son enfant, elle a grand soin de lui expliquer la signification des mots qu'elle lui enseigne à prononcer, et de lui faire apprécier les choses qu'ils expriment d'après la valeur qu'elles ont pour les besoins de la vie ou pour la règle de nos actions et de nos devoirs. Il n'en est pas une qui songe dans ce premier enseignement à séparer l'étude de la langue de la culture de l'intelligence et du cœur de son enfant : et en cela l'instinct maternel les guide plus sûrement que les méthodes des grammairiens, et peut nous servir de guide et de modèle à nous-mêmes. Nous nous sommes donc proposé, à l'exemple de la mère, ce double but dans nos leçons d'Orthographe et de Grammaire. Nous venons d'exposer la marche que nous avons suivie pour atteindre le premier; il nous reste à tracer la route que nous suivons pour conduire au second les maîtres et les elèves qui voudront entrer dans l'esprit de notre Méthode.

Le but pédagogique de l'enseignement comprend, ainsi que nous l'avons dejà fait entendre, deux points essentiels :

Le premier consiste à éveiller et à exercer les facultés de l'enfant et à lui apprendre à en faire usage :

Le second, à mettre dans son esprit et dans son cœur, dès le moment où ils commencent à s'ouvrir, des idées justes et de bons sentiments.

Nous exerçons les facultés de l'enfant, et nous le formons à savoir les employer par la disposition et par l'ordre de chacune de nos leçons; car, dans chacune, nous faisons appel successivement à toutes ses facultés, et nous l'exerçons à s'en servir, comme on le verra par le détail qui suit.

Chaque leçon est divisée en cinq parties distinctes.

Dans la première, nous donnons le tableau des exemples qui doivent servir de démonstration à la règle à laquelle la leçon est consacrée. Le maître appelle d'abord l'ATTENTION des élèves sur ces mots, et en les leur faisant comparer et étudier, il les amène insensiblement par ses questions à découvrir les rapports qui existent entre eux et à déduire les observations qu'on peut en tirer. Dans cette partie, le maître n'exige de l'élève qu'une grande attention. Il l'eveille au moyen du tableau des exemples exposé à ses regards, et il l'entretient au moyen des explications et des questions qu'il lui adresse sur ces exemples.

Dans la seconde partie de la leçon, nous substituons d'autres exemples aux premiers, et le maître fait répéter aux enfants sur ces nouveaux exemples les observations et les explications auxquelles les précédents ont déjà donné lieu. Ici, ce n'est donc pas seulement l'attention de l'enfant qui est en jeu, il a besoin aussi de sa mémoire et de son JUGEMENT, et c'est précisement pour donner plus de prise à l'action du jugement, que nous substituons des exemples nouveaux à ceux qui avaient servi de texte aux premières explications.

Dans la troisième partie de la leçon, nous suivons un ordre inverse. L'enfant n'a plus à étudier les mots inscrits sur un tableau, pour en déduire les observations et les explications qui servent de base aux règles de l'orthographe. Le maître l'exerce au contraire à chercher et à trouver des mots et des phrases qui offrent l'application des observations et des règles posées precédemment. Ici l'élève fait appel à sa mémoire, à son jugement, à son IMAGINATION, et accomplit en quelque sorte une œuvre d'INVENTION qui met en jeu toutes les facultés de son intelligence.

Quand le maître s'est assuré par ce double exercice que les élèves ont parfaitement compris l'objet de la leçon et les explications auxquelles elle a donné lieu, il résume les points essentiels de ces explications; il apprend peu à peu aux élèves à les résumer eux-mêmes; puis il formule en termes précis les règles qui en dérivent, et il exerce successivement par ses questions les élèves à les formuler. Par là, il cultive en eux une faculté nouvelle, celle de la *déduction*, du RAISONNEMENT.

Ces règles, auxquelles l'enfant n'est ainsi arrivé que par le chemin que nous venons d'indiquer, peuvent être dès lors confiées sans danger à sa MÉMOIRE; il en comprend toute la valeur et toute la signification. Elles sont pour lui des formules, des signes mnemoniques, au moyen desquels il peut retrouver au besoin l'explication de tous les faits et de tous les raisonnements qu'elles contiennent sous leur forme abrégée.

C'est seulement après cette préparation complète que le maître abandonne l'élève à ses propres forces, en lui donnant à faire, seul, et sans son concours, un devoir où toutes les parties de la leçon précédente doivent trouver leur application. Ici l'élève est livré à lui-même; mais on conçoit qu'après toutes les préparations que nous venons d'énumérer, il puisse se tirer d'affaire et s'habituer ainsi graduellement au travail solitaire et à la composition.

Telle est la marche que nous suivons pour exercer les diverses facultés intellectuelles, pour les fortifier et les diriger dans une bonne voie.

Il nous reste à exposer en second lieu les moyens que fournit notre Méthode, pour étendre et rectifier les idées de l'élève, pour l'introduire peu à peu dans la connaissance des faits et des choses qu'il lui importe le plus de savoir, et sur lesquelles on appelle cependant trop rarement son attention dans l'enseignement ordinaire.

Ces moyens sont fournis tous par le choix des mots et des phrases que nous proposons en exemple, et par les explications auxquelles ces mots et ces phrases donnent lieu.

Nous avons en effet choisi ces mots et ces phrases pour un double but : d'abord, ils ont servi à l'exposition et à la démonstration des principes et des règles de l'orthographe; mais nous les avons aussi préparés en vue d'appeler successivement l'attention et le jugement de l'élève sur les faits et sur les choses avec lesquels il doit le plus souvent se trouver en rapport, et qu'il a par conséquent le plus d'intérêt à bien étudier et à bien connaître. Nous recommandons en conséquence aux parents et aux instituteurs de ne laisser passer aucun mot, aucune phrase, sans en avoir bien fait comprendre aux élèves le sens et la portée.

Ces explications que le maître varie en prenant tantôt la forme dogmatique, tantôt la forme interrogative, offrent plusieurs avantages : 1° elles interrompent la secheresse et la monotonie des leçons d'orthographe; elles éveillent et soutiennent l'attention de l'élève, et préviennent dans le maître le dégoût et la routine; 2° elles donnent à l'enseignement son véritable caractère d'utilité et sa valeur pédagogique, parce qu'en appelant l'attention de l'élève sur les choses et les idées dont la connaissance est indispensable pour la conduite de la vie, elles lui en font immédiatement apprécier la valeur et l'usage, et qu'elles servent ainsi à lui inspirer l'amour et la recherche du vrai, du beau, du juste, du bon, l'éloignement et l'aversion de l'erreur, de l'injustice et du mal.

Nous avons, dans ce but, multiplié les exemples, soit dans les exercices, soit dans les devoirs. Il est évident que tous ne peuvent pas et ne doivent pas être l'objet d'une explication complète et detaillée : le temps de la classe ne saurait y suffire. L'instituteur aura donc soin de choisir et de préparer à l'avance, parmi ces exemples, ceux qui dans chaque leçon lui paraîtront les plus propres à intéresser les enfants et à leur être utiles. Il se laissera guider dans ce choix par la connaissance qu'il a 1° du degré d'intelligence de ses élèves, 2° des dispositions de leur esprit ou de leur caractère, 3° des besoins de leur condition.

Si, parmi les mots et les phrases que nous donnons, il n'en trouve pas qui remplissent suffisamment l'objet qu'il a en vue, il en cherchera et en composera lui-même dans ce but : seulement, nous devons le prémunir ici contre deux excès dans lesquels il n'est que trop commun de voir tomber les livres élémentaires. Le premier consiste à appeler et à retenir l'esprit des enfants sur des idées puériles ou banales, dont ils n'ont à tirer aucune application, aucune utilité; ou bien sur des choses et des faits tellement communs, qu'il suffit en quelque sorte d'ouvrir les yeux pour les voir, et qu'il est par conséquent fort inutile de perdre le temps des leçons à expliquer. Le second excès dont nous voulons parler est précisément l'opposé de celui-ci; on y tombe quand on ne tient compte ni de l'état des connaissances, ni de la portée d'esprit, ni des besoins actuels et futurs des élèves.

Il faut bien se persuader que tout ce qui est inaccessible à l'intelligence et à la raison de l'enfant, tout ce qui n'est pas en rapport avec la position où il se trouve et la condition où il doit vivre, est une superfétation de l'enseignement qui usurpe mal à propos le temps que réclament tant de leçons plus utiles. La route à tenir entre ces deux écueils, c'est de se placer toujours dans le champ des faits, des idées, des relations où vit l'enfant, et de prendre là tous les sujets d'instruction qu'on a à lui donner, en ayant soin d'élever graduellement la portée des explications, au fur et à mesure que l'intelligence des disciples s'élève et se développe. Que les maîtres fassent en outre attention que le mot que l'on répète tous les jours sans en remarquer le sens, le fait le plus simple, la chose la plus ordinaire peuvent donner lieu à une instruction intéressante pour l'esprit et le cœur, quand on les envisage du point de vue où doit toujours se placer l'instituteur qui comprend l'esprit de sa mission et qui la remplit avec dévouement.

Comme la direction à donner à cette instruction première et fondamentale est l'un des objets les plus difficiles et les plus importants de l'éducation, nous avons cherché à venir en aide aux maîtres et aux parents en traçant, dans une *série de lectures pour les enfants*, le cadre des sujets à embrasser dans cet enseignement élémentaire, et en présentant des modèles d'explication et de développement pour ouvrir la voie aux maîtres dans leurs leçons et y préparer les élèves. Le cadre de *ces choix de lectures* comprend donc, dans un ordre progressif, les notions élémentaires par lesquelles il importe d'exercer leur intelligence et de former leur cœur, et qui servent de base essentielle à l'enseignement qu'ils ont à recevoir plus tard, soit des leçons des maîtres, soit de celles de l'expérience et des événements.

DIRECTIONS PRATIQUES

POUR L'ORDRE ET LA MARCHE DES LEÇONS.

Chaque leçon se compose de six parties.

I. *Récapitulation.* Avant d'aborder le sujet nouveau à expliquer dans la leçon, il est important de remettre sous les yeux de l'enfant les connaissances antérieures nécessaires pour la parfaite intelligence de la matière de la leçon nouvelle. Comme ces connaissances sont le plus souvent l'objet des leçons qui précèdent, nous nous contentons de préciser les questions à adresser aux elèves, et sur lesquelles les maîtres les exerceront à trouver et à formuler des réponses convenables.

Cependant lorsque cette récapitulation peut offrir quelque difficulté et suppose des connaissances qui ne sont pas données dans les leçons précédentes, nous avons soin d'accompagner ces *questions* d'explications indispensables.

Pratique. Ne jamais omettre de commencer la leçon par adresser aux élèves les questions indiquées. Si l'élève hésite ou s'embarrasse, le maître le soutient et lui suggère les réponses convenables. Il accoutume peu à peu les élèves interrogés à formuler leurs réponses avec plus de correction, de clarté et de développements. Le maître doit se faire un devoir de s'adresser successivement à tous afin de les tenir tous en haleine, et de maintenir ainsi le plus possible une certaine harmonie dans le degré de force de la classe.

II. *Exposition.* La seconde partie ou l'exposition se compose des *exercices types* ou des *exemples* qui présentent l'application des principes d'orthographe à développer dans la leçon.

Elle contient, en outre, l'indication des questions et des explications propres à bien faire ressortir les principes, à les exposer sous tout leur jour, à les faire comprendre dans toutes leurs applications.

Pratique. — Le maître doit avoir soin que les exercices types se trouvent écrits lisiblement dès le commencement de la classe sur le tableau noir. Il exige que tous les élèves suivent les explications sur le tableau, et ne permet de conserver leurs livres ouverts, qu'à ceux auxquels il serait impossible de pouvoir suivre autrement.

Si, au contraire, il n'y a pas de tableau noir dans la classe, le maître fait ouvrir tous les livres, et exige que les élèves suivent exactement, chacun sur le sien, toutes les parties de l'exercice.

Il commence par lire lui-même, ou par faire lire à un élève, avec beaucoup de soin et très-distinctement, les exercices types. Il s'assure que les élèves comprennent le sens des mots contenus dans ces exercices, et il explique ceux qui ont besoin de l'être, sans manquer jamais de terminer chaque explication par une ou deux questions qui résument ce qu'il a dit et conduisent à une réponse précise. Il adresse ces questions aux élèves, afin de connaître par leurs réponses s'ils ont bien compris, et pour les accoutumer à se rendre compte de ce qu'ils apprennent.

Quand les élèves entendent bien le sens et les mots de chaque phrase, il appelle leur attention sur les principes d'orthographe dont ces phrases contiennent l'application. Dans chaque leçon, nous traçons la marche à suivre pour cela, et nous indiquons les questions à formuler aux élèves et les réponses qu'il faut les amener à faire. Toutefois, comme la portée des questions doit varier d'après le degré d'intelligence et de connaissances des élèves, nous devons avertir ici les maîtres, que tout en prenant rigoureusement le livre pour guide, il peut se présenter des circonstances où ils reconnaîtront l'opportunité de faire précéder les questions de quelques explications préliminaires nécessaires pour mettre les élèves sur la voie, et d'insister avec plus de détails que nous ne l'avons fait sur certaines parties, où l'expérience qu'ils ont de la force de la classe les avertira de l'utilité de nouveaux développements.

III. *Exercices d'application et d'invention.* — Cette partie se subdivise en deux séries d'exercices que nous allons examiner séparément.

Exercices d'application. — Le maître y fait répéter aux élèves, sur de nouveaux exemples, les observations et les déductions de règles auxquelles les exercices de la partie précédente ont déjà donné lieu. Ces exercices se trouvent dans le livre de l'élève pour remplacer le tableau noir, quand le maître n'en a pas à sa disposition, et aussi pour que les élèves puissent, dans l'intervalle des classes, repasser en particulier ce qui a fait le sujet de la leçon précédente.

Pratique. — Le maître commence toujours par faire lire ou par lire lui-même avec soin et très-distinctement chaque exemple. Dans les premiers temps, il amène par ses questions les élèves à reproduire les observations et les principes auxquels ont donne lieu les exercices types de la première partie. Mais à mesure que les élèves se fortifient et acquièrent plus de facilité, il leur laisse plus de latitude, et charge parfois les plus forts de développer les exemples et d'en tirer seuls toutes les observations qu'ils fournissent à l'étude de l'orthographe; il fait insister, de préference, sur les points les plus importants, les plus difficiles, et qui lui paraissent avoir encore besoin d'explication.

Pour reposer et soutenir l'attention, il sort de temps en temps du cercle des explications orthographiques, en interrogeant sur le sens des mots et des phrases, et en entrant lui-même dans des explications propres à développer les facultés intellectuelles et morales, et à piquer la curiosité.

Exercice d'invention. — Cet exercice est l'inverse du précédent. Le premier avait pour but de faire tirer et développer par les élèves les principes orthographiques renfermés dans les exemples, et de les faire formuler en règle.

Dans celui-ci, au contraire, il s'agit d'exercer les élèves à chercher et à découvrir eux-mêmes des mots et des phrases qui présentent l'application des règles et des principes qu'on vient de leur faire connaître.

Il a pour but, indépendamment de la connaissance de l'orthographe : 1° d'éveiller et d'entretenir l'activité d'esprit des enfants et en même temps de la diriger dans les voies de l'observation et du bon sens; 2° de les initier à la connaissance de la langue en leur faisant bien connaître la signification des mots et des phrases dont ils se servent; 3° d'appeler leur attention sur les choses et les vérités qu'il leur importe le plus de connaître.

C'est dans cette vue que le maître doit diriger cette partie de la leçon, en suggérant aux enfants les mots et les phrases les plus convenables à ce triple but.

Comme le maître, préoccupé de la conduite de la classe, pourrait ne pas avoir toujours à sa disposition les mots et les phrases nécessaires pour cela, nous avons eu soin de réunir sur chaque leçon un certain nombre de mots et de phrases dont il peut se servir au besoin. Il peut, toutefois, en substituer d'autres, lorsqu'il les jugera plus convenables que ceux que nous avons preparés.

Ces mots et ces phrases, qui se trouvent dans le livre du maître, ont été supprimés, comme de raison, dans le livre de l'élève.

Pratique. — Le maître invite à chercher et à indiquer un mot qui présente l'application de la lettre ou de la règle précédemment expliquée. Mais pour prévenir la confusion et le désordre auxquels donnerait lieu l'empressement des élèves à dire les mots que chacun a trouvés, il tient sévèrement à ce que ceux qui ont un mot à proposer lèvent seulement la main en silence. Puis il donne successivement la parole à chacun d'eux. Si le mot indiqué est juste, il le fait écrire sur le tableau. S'il n'est pas juste, il explique pourquoi, ou bien il engage un autre élève à relever l'erreur. Il a soin d'encourager par des *bonnes notes* ceux qui montrent le plus d'empressement à répondre et qui répondent le mieux. Il stimule les plus faibles et les intelligences lentes, en s'adressant aussi à eux et en accueillant leurs réponses lors même qu'elles sont insuffisantes.

Cet exercice bien dirigé répand une grande émulation parmi les élèves et entretient une grande vitalité dans la classe. Le point essentiel est de veiller à ce qu'il se fasse avec ordre, sans confusion et sans tumulte. De temps en temps, le maître fait expliquer le sens du mot proposé, et rectifie ce que l'explication de l'élève peut laisser d'obscur et d'incomplet. A la fin de l'exercice, il fait effacer tous les mots écrits sur le tableau et veille à ce que les élèves ne les écrivent pas sur leurs cahiers, puisqu'ils auront à reproduire des exemples semblables dans le devoir par écrit. Par là, il les force et les habitue peu à peu à être attentifs à ce qui se fait en classe, et à exercer leur mémoire.

IV. *Questionnaire.* — V. *Principes.* — Lorsque le maître s'est assuré, dans les premières parties de la leçon, que les élèves comprennent bien le sujet qu'elle embrasse, et les principes à déduire des exemples sur lesquels on a appelé leur attention, il récapitule les points essentiels et importants, en posant successivement aux élèves les questions destinées à amener en réponse chacun des principes qui fait l'objet d'un paragraphe.

Tout en cherchant à guider la réponse de l'élève, de manière qu'elle se rapproche le plus possible des termes du livre, il lui laisse cependant une certaine liberté de rédaction, et accepte la réponse, lors même qu'elle s'éloigne des termes de la rédaction du livre, pourvu cependant qu'elle soit suffisamment juste et exacte.

Ce dernier exercice forme en quelque sorte la contre-épreuve et le résumé des exercices qui précèdent. Il éclaire le maître sur les idées incomplètes ou fausses que les élèves ont pu se former, et sur les points qui restent encore obscurs dans leur esprit. Il habitue les élèves à tirer des conclusions précises des faits observés, et à résumer en des règles courtes et faciles à retenir, les explications détaillées de la leçon.

Pratique. — Poser successivement chaque question aux élèves les plus forts, les aider à y répondre en corrigeant leurs erreurs, en rectifiant leurs expressions et en leur faisant compléter au besoin les premières explications par d'autres questions plus détaillées. Faire répéter ces réponses ainsi corrigées aux élèves les plus faibles.

Dans le livre du maître, le questionnaire et les principes sont placés dans le corps même de chaque leçon.

Dans le livre de l'élève, les questionnaires et les principes sont groupés après chaque chapitre ou chaque classe.

C'est donc seulement après que toutes les matières contenues dans le chapitre auront été étudiées, que le maître fera apprendre par cœur les *principes*. Cette étude de mémoire accompagnera les leçons de récapitulation dans lesquelles le maître fait repasser et résumer toutes les matières que contient le chapitre.

VI. *Devoirs par écrit.* — Chaque leçon est suivie de trois devoirs et quelquefois même d'un plus grand nombre, afin que les maîtres en aient toujours sous la main à donner aux élèves.

Outre les devoirs se rapportant à chaque leçon, nous en réunissons plusieurs à la fin de chaque chapitre, ayant rapport à l'ensemble des matières qui y ont été étudiées. Ces derniers peuvent donc servir pour les leçons de récapitulation.

Aucun devoir ne doit être donné sans que le maître ait

la certitude que les élèves sont en état de le faire. Pour que cette condition soit remplie, il faut que les devoirs, sur une matière nouvelle, soient très-faciles, et aient déjà été traités de vive voix en classe. Les enfants avancent dès lors dans une voie frayée et ils conservent encore présent à l'esprit le modèle de ce qu'ils ont à faire.

Le maître ne se laissera pas faire illusion par la facilité qu'auront montrée en classe les élèves pendant l'exercice d'application et d'invention. En effet, ils ne retrouvent pas dans le travail solitaire la même facilité que dans l'exercice oral, où ils sont soutenus par la présence et les conseils du maître, qui les encourage, les guide et les aide du regard et de la parole; à quoi il faut ajouter l'excitation de la leçon publique et le concours des camarades qui suggèrent la réponse qu'on cherche et sur laquelle on est embarrassé. Dans le devoir par écrit, au contraire, l'élève est seul, livré à lui-même. S'il prend une fausse voie, il se déconcerte et ne sait plus se retrouver. Les premiers devoirs ne sauraient donc être trop faciles.

Ce n'est que graduellement qu'il faut augmenter les difficultés, et lorsque les élèves se sont habitués peu à peu à concentrer leur attention et leurs efforts dans ce travail solitaire. Nous nous sommes efforcés de ne jamais perdre de vue ce point important.

Pratique. — Dans le devoir, le maître permettra d'abord aux élèves de reproduire les mots qui ont été indiqués en classe pour les exercices. Seulement, il engagera les élèves les plus forts et les plus intelligents à en trouver de leur propre cru; il encouragera leurs efforts, et récompensera ceux qui auront réussi. Leur exemple agira sur les autres, et le moment viendra où tous s'efforceront de présenter un travail spontané et entièrement d'invention.

MÉTHODE
D'ORTHOGRAPHE

CHAPITRE PREMIER

PREMIÈRE LEÇON[1].

DISTINCTION DES PHRASES, DES MOTS ET DES SYLLABES.

I. **Exposition.** — 1° *Distinction des phrases et des mots.* *Le Maître.* Écoutez ce que je vais dire... *Un enfant sage doit obéir à sa mère...* A quoi servent pour vous les mots que je viens de prononcer? — *L'élève.* Ils servent à nous faire connaître ce que vous avez dans l'esprit, ce que vous pensez. — *M.* Qu'est-ce donc que je pense? — *E.* Vous pensez qu'*un enfant sage doit obéir à sa mère.* — *M.* Qu'est-ce qui vous indique ce que je pense? — *E.* Ce sont les mots que vous prononcez. — *M.* Par quel moyen fait-on connaître ce que l'on pense? — *E.* Par le moyen des paroles qu'on

---

1. Les élèves, en apprenant à lire, ont appris pratiquement à distinguer une phrase, un mot, une syllabe.

Cette première leçon n'est donc en quelque sorte qu'une récapitulation des notions qu'ils ont déjà acquises dans l'etude de la lecture.

Seulement cette leçon a pour but de leur faire apercevoir d'une manière plus nette, mieux arrêtée, les différences qui distinguent un mot d'une phrase, et une syllabe d'un mot. Pour cela, nous avons dû rapprocher la notion de ces trois éléments du langage, afin de faire ressortir par ce rapprochement même, les caractères essentiels qui les distinguent,

prononce ou du langage. — *M.* A quoi sert le langage? — *E.* A exprimer par la parole ce que nous pensons.

Le maître écrit sur le tableau noir les mots suivants :

1° Un enfant sage doit obéir à sa mère.

M. Qu'est-ce que je viens de faire? — *E.* Vous venez d'écrire les mots que vous avez prononcés tout à l'heure.— *M.* Par quoi ai-je figuré ces mots? — *E.* Par des signes ou des lettres. — *M.* A quoi sert donc l'écriture? — *E.* A représenter aux yeux, par des signes appelés *caractères* ou *lettres*, les sons que la parole fait entendre à l'oreille. — *M.* Savez-vous comment s'appelle cette suite de mots que j'ai prononcés ou écrits pour exprimer une pensée? — *E.* Oui, on appelle cette suite de mots une *phrase.* — *M.* Qu'est-ce qu'une phrase? — *E.* C'est une suite de mots qui servent à exprimer une pensée [1]. — *M.* Par conséquent, avec quoi compose-t-on les phrases? — *E.* Avec des *mots.*

Lisez les lignes suivantes :

2° Mon pere et ma mere travaillent pour moi. Ils me protégent, me nourrissent et pourvoient à tous mes besoins. Quand je serai devenu grand et fort, je travaillerai à mon tour pour eux. Je les aiderai dans leurs occupations. Je les soignerai dans leurs maladies. Je chercherai à soulager leurs peines et a prévenir tous leurs désirs.

Heureux l'enfant qui devient l'appui et la consolation de ses parents, par sa sagesse et sa bonne conduite! Heureux les pa-

---

et de donner a ces premiers termes de la nomenclature grammaticale une signification claire et aussi précise que le comporte le degré d'intelligence et d'instruction des éleves.

Cette recapitulation dépasse donc un peu l'étendue ordinaire des leçons suivantes. Les maîtres pourront y consacrer deux classes au lieu d'une. Dans cette prévision nous l'avons séparée en deux parties, et nous l'avons fait suivre de plusieurs exercices et devoirs.

1. Quelquefois cependant un mot seul forme une phrase. Exemple : *Voulez-vous que je joue? Non. Que faut-il que je fasse? Étudiez* — Mais il est inutile d'arrêter ici les éleves sur cette sorte de phrase qui sera expliquée plus tard en son lieu.

rents qui se préparent des enfants dociles, soumis, respectueux et reconnaissants, en veillant de bonne heure à leur éducation.

Examinez combien il y a de phrases dans ce morceau, et indiquez-les par ordre. — Distinguez les mots de chaque phrase. — Faites bien attention à la manière dont les phrases et les mots sont écrits, afin de pouvoir répondre aux questions suivantes :

Qu'est-ce qui marque la séparation des phrases ? — *E.* Dans l'écriture, chaque phrase est séparée d'une autre par un point, et la première lettre du mot qui la commence est une lettre majuscule. — *M.* Comment distingue-t-on les phrases quand on les entend prononcer? — *E.* On les distingue par le sens, et aussi parce que le ton de la voix varie un peu à chaque phrase et qu'on observe entre elles un instant de repos.

M. Cherchez à bien distinguer les mots qui composent la phrase : *Un enfant sage obéit à sa mère,* et dites-moi combien il y en a? — *E.* Il y a dans cette phrase sept mots que voici (il répète la phrase en marquant les mots). — *M.* Comment pouvez-vous les distinguer les uns des autres? — *E.* Dans l'écriture, chaque mot est séparé de ses voisins par un petit intervalle; c'est le sens qui apprend a les distinguer quand on les entend prononcer. — *M.* Faites-moi voir à quoi sert chaque mot dans la phrase : *Un enfant sage obéit à sa mère.* — *E. Un enfant* designe la personne de qui vous voulez parler, *sage* indique la qualité de cette personne, *obéit* indique ce qu'elle fait, et *à sa mère* indique à qui elle obéit. — *M.* Chaque mot indique donc une partie de la pensée et forme aussi une partie de la phrase? — *E.* Oui. — *M.* Qu'en concluez-vous? — *E.* J'en conclus que les mots sont les parties dont se compose une phrase en exprimant chacun une partie de la pensee.

Distinction des syllabes.

3° J'ai entendu chanter le chardonneret.

M. Comparez les mots qui composent cette phrase. Trouvez-vous entre eux quelque différence? — *E.* Oui : les uns sont plus longs et les autres plus courts dans l'écriture. — *M.* Et dans la prononciation?... Vous êtes embarrassé. Écoutez : Combien distinguez-vous de sons quand je prononce le mot *j'ai?* — *E.* Un seul. — *M.* Et quand je prononce le mot *entendu?* — *E.* Trois, *en ten du.* — *M.* Quand je prononce le mot *chanter?* — *E.* Deux, *chan ter* — *M.* Et le mot *le?* — *E.* Un seul. — *M.* Et le mot *chardonneret?* — *E.* Quatre, *char do nne ret.* — *M.* Que concluez-vous de ces remarques? — *E.* Que les mots sont composés de sons et qu'ils n'ont pas tous le même nombre de sons. Il y en a qui n'en ont qu'un, et d'autres qui en ont deux, trois et même quatre. — *M.* Savez-vous comment on appelle les sons qui composent les mots? — *E.* Oui, on les appelle aussi des *syllabes,* et on compte autant de syllabes dans un mot qu'il y a de sons distincts.

M. Récapitulons. De quoi se compose le langage. — *E.* Le langage se compose de phrases. — *M.* De quoi se composent les phrases? — *E.* Les phrases se composent de *mots.* — *M.* De quoi se composent les mots? — *E.* Les mots sont composés de *sons* ou de *syllabes.*

M. Combien y a-t-il de syllabes dans le mot *fou?* — *E.* Une seule. — *M.* Trouvez-moi d'autres mots d'une seule syllabe. — *E. Lit, but, roi,* etc. — *M.* Combien y a-t-il de syllabes dans le mot *robe?* — *E.* Deux syllabes, *ro be.* — *M.* Trouvez-moi des mots de deux syllabes. — *E. Matin, saison, bateau,* etc. — *M.* Combien y a-t-il de syllabes dans le mot *aurore?* — *E.* Trois, *au ro re.* — *M.* Trouvez-moi d'autres mots de trois syllabes. — *E. Dureté, capucin, solide,* etc.... — *M.* Les mots d'une seule syllabe s'appellent *monosyllabes;* ceux de deux syllabes se nomment *polysyllabes;* quand ils en ont deux, ce sont des *dissyllabes;* quand ils en ont trois, ce sont des *trissyllabes.*

Le maître amène les élèves à résumer toutes ces explications en formulant sur chaque exemple de la leçon les observations suivantes :

1° La ligne n° 1 fait connaître par l'écriture ce que l'on

pense de la manière dont un enfant sage doit se conduire avec sa mère. Cette ligne exprime donc une PENSÉE ; elle forme ce qu'on appelle une PHRASE. Cette phrase se compose de plusieurs parties qu'on appelle MOTS.

2° L'exemple n° 2 est composé d'une suite de *phrases*. Chaque phrase est séparée de celle qui précède par un POINT, et le premier mot commence par une lettre MAJUSCULE. Dans la lecture, on distingue les phrases par le changement de ton et par un intervalle de repos entre chaque phrase. Le LANGAGE se compose de phrases.

3° Les cinq mots qui forment la phrase du n° 3, ne sont pas tous de la même longueur et ne font pas entendre le même nombre de SONS.

Le premier n'en a qu'un, *j'ai*. Le second en a trois, *en ten du;* le troisième deux, *chan ter;* le quatrième un, *le,* et le cinquième quatre, *char do nne ret.* Chaque son distinct forme une SYLLABE. Ainsi les mots se partagent en syllabes, et on compte autant de syllabes dans un *mot* qu'il y a de *sons* distincts.

II. **Exercices d'application et d'invention.** — 1° Chercher et compter les phrases dans les exemples de la leçon, et indiquer les mots de chaque phrase.

2° Compter combien il y a de syllabes dans chaque mot et énoncer séparément chaque syllabe [1].

3° Indiquer les monosyllabes, les dissyllabes, les trissyl-

---

1. Dans ces premières leçons, il suffira d'apprendre en général aux élèves à partager les mots en syllabes, sans entrer dans des explications détaillées sur la nature des syllabes et les règles de leur formation. Les règles sont exposées d'une manière complète dans les 32e et 33e leçons. Nous engageons les maîtres à les consulter au fur et à mesure que la marche des leçons amènera successivement l'étude des divers éléments de la syllabe sous leurs formes les plus difficiles. Ils conduiront ainsi, petit à petit, les élèves à se rendre compte des procédés qu'ils auront employés d'abord presque de routine Quant aux enfants qui ont appris à lire dans notre *Méthode de lecture*, ils se trouveront déjà au courant de ces connaissances, et pourront passer plus rapidement sur les premières leçons.

labes et les mots de quatre ou cinq syllabes contenues dans les exemples.

4° Chercher et écrire dix monosyllabes, dix dissyllabes, dix trissyllabes et dix mots de quatre et de cinq syllabes.

Monosyllabes. Son, mal, bien, bloc, loi, art, pieu, saint, noir, grand, tour.

Dissyllabes. Lu-ne, to-nne, be-lle, cha-cun, par-mi, cri-a, scien-ce, vian-de, rou-ille, cer-feuil.

Trissyllabes. Sou-te-nu, vé-ri-té, fu-mé-e, in-sou-mis, ré-gu-lier, fa-ti-gue, e-nne-mi, a-ggra-ver, en-voy-é, co-rrec-teur.

4 *syllabes.* Es-pé-ran-ce, par-ti-cu-le, a-mé-ni-té, in-dem-ni-ser, di-ffi-ci-le, ré-vo-lu-tion, i-mmen-si-té, sé-pa-ré-ment, tau-pi-niè-re, cha-rre-té-e.

5 *syllabes.* A-ppren-ti-ssa-ge, in-sur-mon-ta-ble, pu-ri-fi-ca-tion, in-dis-crè-te-ment, gé-o-gra-phi-e, di-ssé-mi-na-tion, per-so-nna-li-té, com-pré-hen-si-ble, o-ran-ge-ri-e.

III. **Questionnaire.** — 1. A quoi sert le langage? — 2. De quoi se compose le langage? — 3. Qu'est-ce qu'une phrase? — 4. Qu'est-ce que les mots? — 5. Comment distingue-t-on les phrases entre elles dans l'écriture et dans le langage? — 6. De quoi se composent les mots? Qu'est-ce que les syllabes? — 7. Qu'appelle-t-on monosyllabes, dissyllabes, trissyllabes, polysyllabes?

IV. **Principes.** — 1. Le langage sert à exprimer par la parole ce que nous pensons.

2. Le langage se compose de PHRASES; les phrases se composent de MOTS.

3. Une phrase est une réunion de mots qui expriment un sens ou une PENSÉE.

4. Les mots sont les parties de la phrase et expriment les parties de la pensée.

5. On distingue les phrases, dans l'écriture, en les séparant par un signe qu'on appelle POINT, et en écrivant par une lettre MAJUSCULE le premier mot de chaque phrase; dans la prononciation, en ménageant une courte pause entre chaque phrase et par un changement d'inflexion dans la voix.

6. Les mots se composent de SONS ou de SYLLABES. Les

syllabes sont les parties des mots, et il y a dans un mot autant de syllabes qu'il fait entendre à l'oreille de sons distincts.

7. On appelle MONOSYLLABES les mots qui n'ont qu'une syllabe, et POLYSYLLABES ceux qui en ont plusieurs. S'ils en ont deux, ce sont des DISSYLLABES; s'ils en ont trois, des TRISSYLLABES, etc.

V. **Devoirs par écrit.** — 1° Faire par écrit les exercices d'application, c'est-à-dire, écrire les *exemples* de la leçon, en mettant chaque phrase à la ligne, en séparant les mots de chaque phrase par deux traits = et les syllabes de chaque mot par un trait —.

2° Même travail sur le morceau suivant :

Parabole de l'enfant prodigue.

Un homme avait deux fils. Le plus jeune dit un jour à son père : mon père, donnez-moi la portion de votre bien qui doit me revenir. Le père fit donc entre ses enfants le partage de son bien.

Peu de jours après, le plus jeune des fils ayant rassemblé tout ce qu'il avait, partit pour une région étrangère et lointaine, et il y dissipa son bien dans une vie d'excès et de débauche.

Après qu'il eut tout consumé, une grande famine régna dans la contrée, et il commença à sentir la faim. Se trouvant sans ressource, il fut obligé de se mettre au service d'un habitant de ce pays. Celui-ci l'envoya à sa maison des champs pour garder les pourceaux. Il fut réduit à une telle détresse qu'il enviait, pour apaiser sa faim, les siliques que mangeaient ces pourceaux; mais personne ne lui en donnait.

3° Chercher dans les deux morceaux précédents les monosyllabes, les dissyllabes, les trissyllabes, etc., et les écrire par catégories.

4° Chercher et écrire dix exemples de monosyllabes, de dissyllabes, de trissyllabes, etc.

Monosyllabes. Don, champ, soc, coq, gril, seul, cri, huit, prix, pion.

Dissyllabes. A-mi, é-pi, ré-cit, pou-le, pa-ri, fou-ille, fu-sil, ru-e, chaî-non, mi-ne.

Trissyllabes. Cé-ci-té, su-ppo-ser, é-ga-rer, em-pê-cher, a-ccroî-tre, for-tu ne, mé-moi-re, su-ppli-ce, frac-tu-re, a-ppe-lé.

4 *syllabes.* É-mi-nen-ce, fra-gi-li-té, mé-ca-ni-cien, phé-no-mè-ne, ré-sis-tan-ce, sei-gneu-ri-e, sé-cu-lai-re, in-co-mmo-de, des-ti-tu-é, en-ra-ci-né.

5 *syllabes.* Dé-cré-pi tu-de, cha-pe-lle-ri-e, a-li-men-ta-tion, dé-mo-ra-li-ser, in-tré-pi-di-té, o-bli-ga-toi-re, om-be-lli-fè-re, an-ti-pa-thi-e, im-pé-né-tra-ble, con-si-dé-ra-tion.

DEUXIÈME LEÇON.

DISTINCTION DES LETTRES : VOYELLES, CONSONNES.

I. **Récapitulation.**— Comment se décomposent les mots?... De quoi sont formées les syllabes?...

II. **Exposition.** — Lisez avec attention les mots des deux lignes données en exemple.

Ami, épi, ravi, muni, défi, sali, pari.
Achab, sac, Gad, bal, cap, car, as, Ajax.

M. Indiquez les syllables des mots de la première ligne. — *E.* Chacun de ces mots se compose de deux sons ou de deux syllables : *a-mi, é-pi, ra-vi, mu-ni, dé-fi.* — *M.* Observez bien les dernières syllabes... Ne finissent-elles pas toutes par le même son? — *E.* Oui, toutes ces syllabes finissent par le son *i.* — *M.* Et cependant se ressemblent-elles tout à fait? — *E.* Non, elles diffèrent par le son qui précède l'*i,* et qui est successivement *m, p, v, n* et *f.*

M. Lisez avec attention les mots de la seconde ligne. Toutes les syllabes ne sont-elles pas aussi composées du même son? — *E.* Oui, toutes les syllabes ont pour base ou pour élément le son *a*; mais ce son subit un léger changement selon qu'il est suivi des lettres *b, d, c, l, p, r, s, x,* et il devient *ab, ad, ac, al, ap, ar, as, ax.*

M. Savez-vous comment on appelle les sons *a, i,* et les sons analogues qui forment la partie essentielle de la syllabe?

— *E.* Oui, on appelle ces sons des *voix* [1]. — *M.* Et comment s'appellent ces éléments de la syllabe *b, c, d, l, p*, etc., qui n'ont pas un son qui leur soit propre, mais qui modifient seulement le son de la voix, et qui ne peuvent former une syllabe qu'en étant unis à une *voix?* — *E.* On les appelle *articulations.*

M. Qu'est-ce que les voix? — *E.* Les voix sont des sons qui forment les éléments essentiels des syllabes. — *M.* Qu'est-ce que les articulations? — *E.* Les articulations sont les modifications que l'on fait éprouver aux voix en les prononçant. — *M.* De quoi se composent les syllabes? — *E.* De voix et d'articulations. — *M.* Peut-on former une syllabe avec une voix seule? — *E.* Oui. Exemple : *a-mi.* — *M.* Peut-on former une syllabe avec une articulation seule? — *E.* Non, l'articulation ne forme une syllabe que lorsqu'elle est jointe à une voix. — *M.* Savez-vous quel nom on donne aux lettres qui représentent les voix et à celles qui représentent les articulations? — *E.* Oui, les lettres qui représentent les voix s'appellent *voyelles*; les lettres qui représentent les articulations, *consonnes.* — *M.* Qu'est-ce que les voyelles?... Qu'est-ce que les consonnes?...

Résumons ces diverses explications.

Tous les mots de la première ligne finissent par le son *i*; mais ce son n'est pas le même dans tous, parce qu'il est précédé dans chacun d'une lettre différente qui le modifie : *mi, pi, vi, ni, fi, li, ri.*

De même tous les mots de la seconde ligne finissent par le son *a*, mais ce son est encore différent dans chacun, à cause de la lettre dont il est suivi : *ab, ac, ad, al, ap, ar, as, ax.*

Les lettres qui représentent les *sons* ou les *voix* comme *a, i*, sont appelées VOYELLES.

Les lettres qui modifient le son des voyelles, lorsqu'elles

---

1. Nous supposons ici que l'élève a appris à lire dans notre *Méthode de lecture*, et qu'il connaît déjà les voix et les articulations. S'il en était autrement, ce serait au maître à donner le nom des voix et des articulations, et ces explications devraient précéder les demandes ci-dessus.

sont placées avant ou après, comme *b, c, d*, etc., s'appellent CONSONNES.

Récapitulons maintenant ce que vous avez appris dans ces deux leçons. — *M*. Qu'est-ce qu'une phrase? — *E*. C'est une suite de mots dont l'ensemble forme un sens ou exprime une pensée. — *M*. De quoi se composent les phrases? — *E*. De mots. — *M*. Et les mots? — *E*. De syllabes. — *M*. Et les syllabes? — *E*. D'articulations et de voix représentées dans l'écriture par les consonnes et les voyelles.

M. A quoi sert le langage? — *E*. A exprimer, par la parole, ce que nous pensons. — *M*. A quoi sert l'écriture? — *E*. A représenter aux yeux, par des signes qu'on appelle *lettres* ou *caractères*, les mots que le langage fait entendre à l'oreille par des sons.

III. **Exercices d'application et d'invention.** — 1° Décomposer en syllabes les mots suivants; indiquer les voyelles et les consonnes de chaque syllabe.

Docilité, zizanie, cavalerie, famine, mariage, vanité, amazone, calorifère, admiré, dogme, actif, aptitude, partir, carnaval, cultiver, jardinage, multitude, plonger, gronder, disette, caractère, complaisant, balancer, amoindrir, favorable.

2° Chercher dix mots qui commencent par une voyelle et dix mots qui commencent par une consonne.

Voyelles. Évêché, utilité, obstacle, usage, ombrage, insecte, ardoise, odeur, estimable, inviter.

Consonnes. Vérité, charité, temple, graine, langage, pioche, réflexion, berceau, maternel, moisson.

IV. **Questionnaire.** — 8. De quoi se composent les syllabes? — 9. Qu'est-ce que les voix? Une voix peut-elle former une syllabe à elle seule? — 10. Qu'est-ce que les articulations? Les articulations peuvent-elles former toutes seules des syllabes? — 11. A quoi sert l'écriture? Comment l'écriture représente-t-elle la parole? — 12. Comment appelle-t-on les lettres qui représentent les voix?... les articulations? Qu'est-ce que les voyelles? Qu'est-ce que les consonnes?

V. **Principes.** — 8. Les syllabes ou les sons se composent de deux éléments : les voix et les ARTICULATIONS.

9. Les voix sont les éléments essentiels et indispensables des syllabes.

10. Les *articulations* sont les éléments accessoires que l'on ajoute aux voix pour modifier la manière de les prononcer ou de les articuler. Les articulations ont toujours besoin d'être unies aux voix pour former une syllabe. Les voix peuvent former une syllabe à elles seules.

11. L'écriture sert à représenter aux yeux, par des signes qu'on appelle CARACTÈRES OU LETTRES, les mots que la parole fait entendre à l'oreille par des *sons*.

12. Les lettres qui représentent les voix s'appellent VOYELLES, celles qui représentent les articulations s'appellent CONSONNES.

VI. **Devoirs par écrit.** — 1° Mettre par écrit les exercices d'application et d'invention, en séparant chaque syllabe par un trait — et en surmontant chaque voyelle de la lettre *v*.

2° Même travail sur les phrases suivantes, en ayant soin de mettre chaque phrase à la ligne, d'écrire le premier mot par une lettre majuscule et de séparer chaque mot par deux traits =.

Parabole de l'enfant prodigue. (Suite.)

Rentrant alors en lui-même, il dit : Combien de mercenaires dans la maison de mon père ont du pain en abondance, tandis que moi je meurs de faim ici. Je me lèverai donc, et j'irai vers mon père. et je lui dirai : Mon père, j'ai péché contre le ciel et contre vous. Je ne suis plus digne d'être appelé votre fils, faites de moi l'un de vos mercenaires.

Il se leva donc et revint vers son pere. Comme il était encore loin, son père le vit, et touché de compassion, il accourut, se jeta à son cou et le baisa. Et le fils lui disait : Mon père, j'ai péché contre le ciel et contre vous; je ne suis plus digne d'être appelé votre fils. Mais le pere, s'adressant à ses serviteurs : Apportez vite ses anciens vêtements, empressez-vous de l'en revêtir, et mettez-lui un anneau au doigt et une chaussure aux pieds. Allez chercher aussi le veau gras ; tuez-le, et mangeons et réjouissons-nous; car mon fils que voilà était mort, et il revit; il était perdu et il est retrouvé. Et tous commencèrent à manger et à se réjouir.

TROISIÈME LEÇON.

VOYELLES, CLASSIFICATION MÉTHODIQUE.

I. **Récapitulation**. — De combien d'éléments se composent les syllabes?... Qu'est-ce que les voyelles? Qu'est-ce que les consonnes?

II. **Exposition**.

1° *Voyelles simples*,

*A*rabe	trém*a*	A	*I*mage	jeud*i*	I
*E*nnemi	mom*ie*	E	*O*deur	pian*o*	O
*É*cume	duch*é*	É	*U*sage	vert*u*	U
*È*re	proc*è*s	È			

2° *Voyelles composées*.

*Eu*rope	nev*eu*	EU	*Ou*tre	lic*ou*	OU

3° *Voyelles nasales*,

*An*cre	rub*an*	AN	*On*cle	dém*on*	ON
*In*firme	mar*in*	IN	*Un*	auc*un*	UN

Le maître fait lire deux fois ce tableau, en faisant remarquer la seconde fois les voyelles soulignées. — Puis il fait faire l'énumération de toutes ces voyelles.

M. Parmi toutes ces voyelles, n'en voyez-vous pas qui s'écrivent avec deux lettres au lieu d'une seule? — *E*. Oui, les voyelles *eu, ou, an, in, on, un*, s'écrivent avec deux lettres, tandis que les voyelles *a, e, é, è, i, o, u* s'écrivent avec une seule. — *M*. Celles-ci s'appellent voyelles *simples*, et les autres voyelles *composées* [1].

---

1. Ces voyelles sont *composées* quant aux signes ou aux lettres qui servent à les *représenter*, mais ce sont des sons réellement simples et élé-

Qu'est-ce que les voyelles simples?... Quelles sont-elles?... Qu'appelle-t-on voyelles composées? Énumérez-les...

Le maître fait remarquer à l'élève que, parmi les voyelles composées, il en est quatre, *an*, *in*, *on*, *un*, sur la prononciation desquelles le nez influe d'une manière sensible. — Il lui apprend qu'à cause de leur caractère tout particulier ces voyelles ont été appelées *nasales*.

Quelles sont les voyelles nasales?... Pourquoi les appelle-t-on ainsi?...

M. Combien donc y a-t-il d'espèces de voyelles? — *E.* Il y a trois espèces de voyelles, les *voyelles simples*, les *voyelles composées* et les *voyelles nasales*. — *M.* Quelles sont les voyelles simples, et pourquoi les appelle-t-on ainsi?... Quelles sont les voyelles composées, et d'où leur vient ce nom?... Quelles sont les voyelles nasales, et pour quelle raison ont-elles reçu cette dénomination?...

Le maître, insistant sur les nasales, fera remarquer à l'élève que chacune d'elles provient d'une voyelle simple ou composée, dont le son est modifié par l'influence du nez, et que par conséquent chaque nasale correspond à l'une des voyelles des deux autres classes Il essaiera de lui faire trouver quelles sont ces voyelles.

M. Cherchez bien, et dites-moi de quelle voyelle dérive la nasale *an*? — *E.* De la voyelle simple *a*. — *M.* Et la nasale *in*? — *E.* De la voyelle *i*. — *M.* Vous avez raison; mais elle dérive peut-être plutôt de la voyelle *è*, et vous pouvez vous en convaincre en prononçant *n* après *è* et après *i*. — *M.* De quelle voyelle dérive la nasale *on*? — *E.* De la voyelle simple *o*. — *M.* Et *un*? — *E.* De la voyelle simple *u*. — *M.* Oui, mais plutôt encore de la voyelle composée *eu*... Prononcez successivement *eu* et *un* pour vous en assurer... Redites-nous les voyelles nasales en nommant les autres voyelles desquelles elles dérivent. — *E.*

---

mentaires, et de la même nature que les autres voyelles parmi lesquelles quelques grammairiens omettent à tort de les faire figurer. Nous engageons les maîtres à insister sur cette distinction. (Voir à ce sujet le *Guide du maître* dans la *Méthode de lecture*.)

an, qui dérive de *a; in*, de *i* ou *é; on*, de *o; un* de *u* ou de *eu*.

Résumons ces diverses explications.

Les voyelles du n° 1 sont représentées par un seul caractère ou une seule lettre. On les appelle VOYELLES SIMPLES.

Les voyelles du n° 2 sont représentées par deux caractères ou deux lettres; on les appelle VOYELLES COMPOSÉES.

Les voyelles composées du n° 3 font entendre un son qui vient du nez. On les appelle VOYELLES NASALES.

III. **Exercices d'application et d'invention.** — 1° Décomposer en syllabes et en éléments de syllabes les phrases suivantes, et indiquer la classe à laquelle appartient chaque voyelle.

Le petit moucheron se joue de la colère du lion.

Le jeune lévite revêtira dimanche une robe de lin.

Chacun de vous sera considéré dans le monde selon son mérite.

Une douce parole apaise la colère.

Le méchant sera rejeté du royaume de Dieu.

Je ferai à maman l'aveu de ma faute.

2° Chercher et écrire des mots où se rencontrent les voyelles simples, composées, et nasales.

Adoré, momie, pilule, parole, farine, salade, badine, sûreté, rejeté, satiné, — joujou, roue, seule, feu, poule, peu, aveu, — maman, pinson, lundi, rancune, défunt, alun.

IV. **Questionnaire.** — 13. Combien y a-t-il d'espèces de voyelles, et quelles sont-elles?

14. Qu'est-ce que les voyelles simples, et combien y en a-t-il? Pourquoi les appelle-t-on ainsi?

15. Qu'est-ce que les voyelles composées, et quelles sont-elles? Pourquoi les appelle-t-on ainsi?

16. Qu'est-ce que les voyelles nasales, et quelles sont-elles? Pourquoi les appelle-t-on ainsi?

17. D'où dérivent les voyelles nasales?

V. **Principes.** — 13. Il y a trois espèces de voyelles : les simples, les composées et les nasales.

14. Les voyelles *simples* sont au nombre de sept, savoir : *a, e, é, è, i, o, u.*

On les appelle ainsi parce qu'elles ne s'écrivent qu'avec une lettre.

15. Il y a deux voyelles *composées*, savoir : *eu, ou.* On les appelle ainsi par ce qu'elles s'écrivent avec deux lettres.

16. Il y a quatre voyelles *nasales*, savoir : *an, in, on, un.* On les appelle ainsi parce que le nez influe sur la prononciation.

17. Chacune des voyelles nasales dérive d'une voyelle simple ou composée. *An*, dérive de *a*; *in*, de *i* ou *è*; *on*, de *o*; *un*, de *u* ou *eu.*

VI. **Devoir par écrit.** — 1° Mettre par écrit les exercices d'application et d'invention en séparant chaque syllabe par un trait — et surmontant chaque voyelle de la lettre *s* si elle est simple; de *c*, si elle est composée; et de *n*, si elle est nasale.

2° Même travail sur les phrases suivantes.

Parabole de l'enfant prodigue. (Fin.)

Or le fils aîné était dans les champs : comme il revenait et approchait de la maison, il entendit le bruit de la musique et de la danse. Appelant aussitôt un de ses serviteurs, il lui demanda ce que c'était. Le serviteur lui dit : Votre frère est revenu, et votre père a tué le veau gras pour témoigner sa joie de l'avoir recouvré sain et sauf. A ces paroles il se courrouça et ne voulut point entrer.

Son père donc étant sorti, cherchait à l'apaiser, et le priait de venir prendre place au festin. Mais répondant à son père, il lui dit : Voilà que je vous sers depuis longues années. Je n'ai jamais manqué à aucun de vos commandements, et jamais vous ne m'avez donné un chevreau pour me réjouir en le mangeant avec mes amis.

Mais lorsque ce fils, qui a dévoré son bien avec des courtisanes, est revenu, vous avez tué pour lui le veau gras.

Le père lui répondit : Mon fils, vous êtes, vous, toujours avec moi, et tout ce que j'ai est à vous. Mais il fallait faire un festin et se réjouir, parce que votre frère était mort et il revit; il était perdu et il est retrouvé.

3° Écrire : 1° dix à vingt mots formés de voyelles simples ; 2° id. de voyelles composées; 3° id. de voyelles nasales.

1° Soc, pâlir, abri, semis, modele, tête, égal, ami, gelée, but.

2° Ouvrier, souvenir, fleur, docteur, tour, soupir, couleur, rigueur, caillou, jeu, roue, veuve, faute, peine, chaîne

3° Étang, champ, élan, chagrin, raisin, sillon, tourbillon, chardon, aucun, commun, danseur, importun, rondin.

QUATRIÈME LEÇON.

CONSONNES ET CLASSIFICATION DES CONSONNES.

I. **Récapitulation.** — Combien distingue-t-on de sortes de lettres et quelles sont-elles?... Combien distingue-t-on de sortes de voyelles et quelles sont-elles?...

II. **Exposition.** — *Classification des consonnes.* Vous avez vu dans la dernière leçon que les voyelles se divisent en trois espèces : les *voyelles simples,* les *voyelles composées* et les *voyelles nasales.* Étudions maintenant les consonnes. Examinez attentivement le tableau donné en exemple.

1. *Consonnes simples.*

*B*on	Jo*b*	B	*N*on	mi*n*e	N
*C*or	ro*c*	C	*P*ipe	Ga*p*	P
*D*on	Davi*d*	D	*R*are	co*r*	R
*F*il	vi*f*	F	*S*on	atla*s*	S
*G*alette	Aga*g*	G	*T*on	fa*t*	T
*J*ujube		J	*V*œu	la*v*e	V
*L*arme	fi*l*	L	*Z*éro	ga*z*	Z
*M*are	Séli*m*	M			

2. *Consonnes composées.*

*Ch*ar	kirs*ch*	CH	Feu*ill*e	rou*ill*e	ILL
Ba*gn*e	pei*gn*e	GN			

M. Parmi toutes ces consonnes, en remarquez-vous qui soient composées de plusieurs lettres? — *E.* Oui, *ch, gn* et *ill.* — *M.* Comment les appelez-vous pour cette raison? — *E. Consonnes composées.* — *M.* Ainsi, combien y a-t-il d'espèces de consonnes? — *E.* Il y a deux sortes de consonnes, les simples et les composées. — *M.* Quelles sont les consonnes composées? — *E.* Ce sont *ch, gn, ill* [1]. — *M.* Pourquoi les appelle-t-on ainsi? — *E.* Parce qu'elles sont formées par plusieurs lettres. — *M.* Qu'appelez-vous consonnes simples? — *E.* Toutes celles qui ne sont formées que d'une seule lettre.

Résumez ces diverses explications :

Les articulations du n° 1 sont représentées par une seule lettre ou un caractère unique. Ce sont les CONSONNES SIMPLES.

On appelle les consonnes du n° 2 CONSONNES COMPOSÉES, parce qu'elles sont représentées par deux et même par trois lettres, bien qu'elles ne forment cependant qu'une articulation très-simple de sa nature.

III. **Exercices d'application et d'invention.** — 1° Indiquer dans les phrases suivantes les consonnes simples et les consonnes composées :

1. Le vent a dépouillé de leur feuillage les châtaigniers de la montagne. 2. La cigogne niche sur le haut des vieilles tours. — 3. La paille hachée et bouillie est quelquefois donnée en nourriture aux vaches. 4. Celle de seigle est tres-recherchée dans les campagnes, où elle sert à couvrir les toits des chaumieres. 5. La vigne est cultivée en Autriche et en Allemagne. 6. Tout papillon a commencé par être chenille.

2° Trouver, 1° quinze mots renfermant des consonnes simples; 2° quinze renfermant des consonnes composées.

1° Timidité, lame, azur, rétif, amené, mère, mont, riviere, bois, valide, monde, crainte, sombre, solitude.

---

1. Le maître insistera sur les articulations *ch, gn, ill,* omises à tort dans beaucoup de grammaires. Voir ce que nous en avons dit dans le *Guide du maître* de la *Méthode de lecture.*

2° Mouillé, charité, souillure, gagner, bêche, péché, mouche, campagne, poche, paille, roche, peigne, souche, ligne.

IV. **Questionnaire.** — 18. Combien y a-t-il de sortes de consonnes, et quelles sont-elles? — 19. Combien y a-t-il de consonnes composées, et pourquoi sont-elles nommées ainsi? — 20. Combien y a-t-il de consonnes simples, et quelles sont-elles?

V. **Principes.** — 18. Il y a deux sortes de consonnes : les consonnes simples et les consonnes composées.

19. Il y a trois consonnes composées, savoir : *ch*, *gn*, *ill*. On les appelle ainsi parce qu'elles sont formées par plusieurs lettres.

20. Les consonnes simples sont toutes les autres qui ne sont formées que d'une seule lettre. Il y en a quinze, savoir : *b*, *c*, *d*, *f*, *g*, *j*, *l*, *m*, *n*, *p*, *r*, *s*, *t*, *v*, *z*.

VI. **Devoir par écrit.** — 1° Faire par écrit le premier exercice d'application et d'invention; mettre les phrases à la ligne; séparer les mots par deux traits =, les syllabes par un trait —, et surmonter de la lettre *c* les consonnes composées.

2° Faire le même travail sur les phrases suivantes.

1° Notre Seigneur Jésus-Christ s'est chargé de nos péchés et nous a rachetés de la mort en mourant pour nous sur la croix. 2° Pour vous faire chérir de vos compagnons, témoignez-leur de l'affection, et recherchez l'occasion de les obliger. 3° La complaisance gagne et rapproche les cœurs; l'orgueil les éloigne et les aigrit. 4° Une seule tache suffit pour souiller la blancheur du lis. Une seule mauvaise pensée que l'on ne cherche pas à éloigner peut souiller la pureté de l'âme. 5° On taille la vigne avant qu'elle ait ses feuilles. 6° Ta raillerie a failli te brouiller avec ton ami le plus cher.

3° Trouver et écrire vingt-cinq mots qui commencent par des consonnes simples, et vingt-cinq qui présentent l'exemple de consonnes composées.

Beauté, blessure, calomnie, caractère, prison, serrurier, défense, drapeau, fleur, labeur, travailler, lenteur, prudence, sagesse, loi, malsain, semer, moisson, patrie, foin, courage, ravin, serment, promesse, tracer.

Chute, chiffre, manche, tache, roche, lâche, enchaîner, agneau, rogner, signe, gagner, épargne, araignée, saigner, maille, treille, bataille, futaille, rouille, mouiller, il cueille, bouillon, feuille.

CINQUIÈME LEÇON.

COMBINAISON DES VOYELLES ET DES CONSONNES POUR FORMER LES SYLLABES. DIVERSES ESPÈCES DE SYLLABES.

I. **Récapitulation.** — Comment se partagent les phrases?... Comment se partagent les mots?... De quoi se forment les syllabes?...

II. **Exposition.** — Vous savez que les phrases se composent de mots, les mots de syllabes, et les syllabes de lettres. Vous savez aussi qu'on distingue deux espèces de lettres, les voyelles et les consonnes. Étudions maintenant comment les voyelles et les consonnes concourent à former les syllabes, et examinons les principales espèces de syllabes. Lizez avec attention les mots qui suivent :

1. A mi, o bé i, u ni, dé i fi é, Eu ro pe.
2. Sa ra, cé dé, po li, lo to, ven du.
3. As or, ab so lu, es ca la de, ul cè re.
4. Job, Luc, Da vid, nef, nul, mer.
5. Col por teur, ad ver sai re, mar tyr.
6. Ver glas, pro cès, la paix, vous li sez.
7. Pou let, dé fait, il pleut, ils cou raient.

M. Combien y a-t-il de syllabes dans le mot *ami?* — *E.* Deux : *a mi.* — *M.* Comment sont formées ces syllabes? — *E.* La première est formée de la voyelle simple *a*, la seconde est formée de la consonne simple *m* et de la voyelle simple *i*. — *M.* De combien de syllabes se compose le mot *obéi?* — *E.* De trois syllabes. *O bé i.* La première est formée de la voyelle simple *o*, la seconde de la consonne simple *b* et de la voyelle simple *é*, la troisieme de la voyelle simple *i*.

Le maître fait rendre compte ainsi des syllabes des mots de la premiere et de la seconde ligne. Pour rendre cette analyse plus rapide, il habitue les élèves à la faire de la manière suivante : *Uni*, deux syllabes ; 1re syll., *u* voy. simple ; 2e syll., *ni*, *n* cons. simple et *i* voy. simple. — *Déifié*, 4 syllabes ; 1re syll., *dé*, *d* cons. simple et *e* voy. simple ; 2e syll., *i* voy. simple ; 3e syll., *fi*, *f* cons. simple et *i* voy. simple ; 4e syll., *e* voy. simple, etc.

Il est très-important pour l'orthographe et la bonne prononciation d'accoutumer les élèves à partager régulièrement les mots en syllabes. Cette division présente quelquefois des difficultés qui ne peuvent être convenablement expliquées qu'après que les élèves ont étudié tous les éléments dont se composent les syllabes. Nous exposons les principes de cette division, avec tous les détails nécessaires, dans les deux leçons sur la *syllabation* placées à la fin du 3e chapitre, leçons 32 et 33.

Nous engageons les maîtres à étudier par avance ces deux leçons afin de se bien pénétrer des principes à suivre pour la division des syllabes, et de les faire observer *pratiquement* aux élèves à mesure que la marche des leçons donne lieu à l'application de ces principes à chacun des éléments nouveaux qu'embrasse le sujet de chaque leçon. Par cette marche les élèves connaîtront déjà par *la pratique* la manière régulière de syllaber, lorsqu'ils arriveront à ces leçons. Elles leur présenteront alors sous un seul coup d'œil l'ensemble des règles qu'ils auront ainsi apprises en détail, et dont ils saisiront mieux les raisons et l'harmonie en les voyant groupées méthodiquement.

Le maître amène les élèves à remarquer :

1° Que les mots de la première et de la deuxième ligne présentent des syllabes formées, soit par une simple voyelle, soit par une voyelle précédée d'une consonne;

2° Que dans les mots de la troisième ligne, la consonne ne précède plus la voyelle, mais qu'elle vient à la suite et s'articule après, ce qui forme une syllabe appelée CONSONNANTE, tandis que celle qui finit par une voyelle se nomme syllabe PURE.

Qu'est-ce qu'une syllabe consonnante?... En quoi une syllabe *consonnante* diffère-t-elle d'une syllabe *pure?*...

3° Que dans les mots de la quatrième et de la cinquième ligne, la voyelle est à la fois précédée et suivie d'une consonne;

4° Que dans les mots de la sixième et de la septième ligne, la consonne qui termine la syllabe est *nulle* ou *muette*, c'est-à-dire qu'elle ne compte pour rien dans la prononciation, ce qui fait que ces syllabes sont des syllabes pures bien que terminées par une consonne. On peut les désigner sous le nom de syllabes MIXTES quand on a besoin de les distinguer des autres. Toutes les consonnes qui terminent les voyelles comptent-elles dans la prononciation?...

Comment appelle-t-on les consonnes qui ne se prononcent pas?... Les syllabes terminées par des consonnes muettes sont-elles des syllabes consonnantes?...

Le maître fait terminer ces explications par le résumé suivant :

Les mots de la première et de la seconde ligne présentent des *syllabes* formées soit par une *voyelle* seule, soit par une voyelle précédée d'une consonne.

Les mots de la troisième ligne présentent des syllabes formées d'une voyelle suivie d'une consonne. Ces syllabes terminées par une consonne sont nommées SYLLABES CONSONNANTES, pour les distinguer des syllabes terminées par une voyelle et qu'on désigne sous le nom de SYLLABES PURES. Dans les mots qui suivent, lignes 4 et 5, la syllabe consonnante commence aussi par une consonne.

Les mots des sixième et septième lignes offrent des syllabes terminées par une consonne dont on ne tient pas compte dans la prononciation. Ces consonnes qui ne se prononcent pas sont appelées MUETTES ou NULLES. Elles ne jouent donc aucun rôle dans la prononciation de la syllabe et ne la rendent pas consonnante.

III. **Exercices d'application et d'invention.** — 1° Syllaber les mots suivants en faisant l'analyse des lettres de chaque syllabe, et en indiquant si la syllabe est pure, consonnante ou mixte.

Épi, vertu, canif, bœuf, fer, couleur, cultivateur, souvenir, reposoir, étable, menace, image, semaine, éleve, service, injustice, corps, villageois, secret, avenue, récolter, chicorée, soirée, succes, dernier.

2° Trouver dix ou quinze mots présentant : 1° l'exemple de syllabes pures; 2° id. de syllabes consonnantes; 3° id. de syllabes mixtes.

1° Pavé, visa, vérité, blé, établi, canari, numéro, connu, souci, avide, centime, maxime, piêtre.

2° Cor, sac, chef, docteur, soir, dicter, captif, action, discret, admirer, parcourir, ardeur, accord, effort, adverbe.

3° Point, doigt, froid, toit, fond, front, sirop, galop, coup, palais, logis, ils placent, ils jouaient, repas, grand, dépit, repos.

IV. **Questionnaire.** 21. Comment se forment les syllabes.

22. Qu'est-ce qu'une syllabe consonnante, et en quoi les syllabes consonnantes diffèrent-elles des autres?

23. En quoi diffèrent les syllabes pures des syllables mixtes?

24. Qu'appelle-t-on lettres nulles ou muettes?

V. **Principes.** — 21. Les syllabes sont formées soit d'une voyelle seule, soit d'une voyelle précédée d'une consonne, soit même d'une voyelle entre deux consonnes.

22. On appelle syllabes CONSONNANTES celles qui sont terminées par une consonne sonore.

23. Les syllabes PURES diffèrent des syllabes MIXTES, en ce qu'elles sont toujours terminées par une voyelle, tandis que les syllabes mixtes le sont par une consonne MUETTE, c'est-à-dire qui ne s'articule pas dans la prononciation.

24. On appelle lettres MUETTES celles qui jouent un rôle entièrement passif et dont il n'est pas tenu compte dans la prononciation.

VI. **Devoir par écrit.** — 1° Mettre par écrit les exercices d'application et d'invention nos 1 et 2, en surmontant d'un *p* les syllabes pures, et d'un *c* les syllabes consonnantes.

2° Syllaber les phrases suivantes en indiquant l'espèce des syllabes et de quoi elles sont formées.

Bonheur de l'enfant pieux.

O bienheureux mille fois
L'enfant que le Seigneur aime,
Qui de bonne heure entend sa voix,
Et que ce Dieu daigne instruire lui-même!
Loin du monde élevé, de tous les dons des cieux
Il est orné dès son enfance
Et du méchant l'abord contagieux

N'altère point son innocence.
Tel en un secret vallon,
Sur le bord d'une onde pure,
Croît, à l'abri de l'aquilon,
Un jeune lis, l'amour de la nature.
Heureux, heureux mille fois
L'enfant que le Seigneur rend docile à sa voix !

3° Chercher et écrire 10 à 20 mots présentant l'exemple,

1° De syllabes pures; 2° de syllabes consonnantes; 3° de syllabes mixtes.

1. Caillou, étui, rame, sonore, assidu, copeau, pari, pavé, chanson, je traçai. Le tombeau, le pinson, le colibri.

2. Soc, sud, relief, seul, cep, carte, amer, belvéder, sourd, fort. Enfer, fermoir, essor, sortir, cardeur.

3. Lait, chaud, gros, coup, accroc, ils aiment, ils ont, tu lis. Le soldat, un amas, les lacets, les frimas, le procès, les rebuts, l'infirmier, le patient, le pêcher, le poirier, le menuisier.

SIXIÈME LEÇON.

DIPHTHONGUES, CONSONNES.

I. **Récapitulation.**—Combien y a-t-il de sortes de consonnes et quelles sont-elles?... Combien y a-t-il de consonnes composées?... Combien de consonnes simples?...

II. **Exposition.** — Vous connaissez maintenant les voyelles et les consonnes dont se composent les syllabes. Il faut remarquer ce qui arrive quand deux consonnes se suivent et sont unies entre elles de telle sorte qu'on ne saurait les séparer dans la prononciation des mots. Lisez les mots de la ligne suivante :

Cri, blé, brin, dru, clou, flan.

Combien de syllabes forme chacun de ces mots? — *E.* Chacun de ces mots ne forme qu'une seule syllabe, car on ne peut séparer dans la prononciation les lettres qui les composent. — *M.* Examinez de quelles lettres est formée chacune de ces syllabes. — *E.* Le premier mot *cri* est formé par la consonne *c*, la consonne *r* et par la voyelle *i*.

M. Lorsque deux consonnes qui se suivent doivent être ainsi réunies dans la prononciation, elles forment ce qu'on appelle une DIPHTHONGUE-CONSONNE : ce qui veut dire, une réunion de deux consonnes, liées ensemble de telle sorte, qu'elles font entendre en même temps une double articulation. Il y a plusieurs autres diphthongues-consonnes que le tableau suivant nous fera connaître.

Première série.

1.			2.		
Blé	sable	BL	Branche	sabre	BR
Clou	boucle	CL	Cri	lucre	CR
			Dru	cadre	DR
Fleuve	souffle	FL	Frère	soufre	FR
Gloire	aveugle	GL	Grave	ogre	GR
Plume	peuple	PL	Prime	âpre	PR
			Trou	prêtre	TR
			Vrille	chèvre	VR

Le maître fait lire et prononcer la première ligne avec soin. Il fait remarquer que la syllabe *blé* se compose de deux consonnes *b-l* qui se suivent immédiatement, de telle sorte que les deux sons reunis n'en forment qu'un seul.

Qu'est-ce qu'une diphthongue-consonne?... De combien de lettres se compose-t-elle ordinairement?... Énumérez les diphthongues formées avec la consonne *l*, avec la consonne *r*.

Il répete la même marche et les mêmes explications sur chaque ligne successivement; il fait remarquer que toutes les diphthongues de cette première série sont formées par les consonnes *l* et *r* précédées d'une autre consonne; puis il fait résumer ainsi ces explications.

[Tous les mots de la première colonne finissent par la syllabe *le*, précédée d'une autre consonne, *ble*, *cle*, etc.; tous ceux de la seconde colonne finissent par la syllabe *re*, également précédée d'une autre consonne *bre*, *cre*, etc. Les consonnes *c* et *r* précédées d'une autre consonne, deviennent inséparables dans la prononciation et forment ce qu'on appelle une DIPHTHONGUE-CONSONNE.]

III. **Exercices d'application et d'invention.**— 1° Indiquer les diphthongues-consonnes dans les mots et les phrases qui suivent :

Il ouvre, fenêtre, épingle, friche, fleurir, flore, sobriété, pronom, plâtriere, glace, classe, train, vrai, cadavre, prendre, grâce, travail, déclamer, contempler, brunir, sabler, aggraver, écrivain.

1. La propreté, l'ordre, le travail, sont les conditions indispensables du bien être d'une famille. 2. Montrez-vous complaisant, gracieux, affable, et chacun s'empressera de l'être pour vous. 3. Le houblon et le chanvre sont des plantes d'un grand produit, mais elles réclament un sol profond et fertile. 4. Un éclat de la foudre a brisé la branche du peuplier et en a troué le tronc en plusieurs endroits.

2° Chercher et écrire trois ou quatre mots qui présentent l'emploi de chacune des diphthongues indiquées.

Blême, troublé, oubli, bravoure, arbre, broyer, clarté, acclamation, oncle, accroître, crédulité, écrit, répandre, ordre, poindre, flambeau, souffler, affluer, froid, affreux, effroi, glaçon, englober, aveuglement, grandeur, grave, griller, plénitude, souple, plume, apprêt, prévoir, comprendre, tronc, dartre, trotter, navré, livrée, suivre.

IV. **Questionnaire.** — 25. Qu'appelle-t-on diphthongue-consonne?—26. En combien de séries se divisent les diphthongues-consonnes, et comment sont formées celles de la première série?

V. **Principes.** — 25. On appelle DIPHTHONGUE-CONSONNE la réunion de deux consonnes différentes qui se suivent et se lient de telle sorte dans la prononciation, que les deux articulations paraissent se confondre en une seule.

26. Les diphthongues-consonnes se divisent en deux séries : la première série comprend les diphthongues composées des consonnes L et R, précédées d'une autre consonne.

VI. **Devoir par écrit.** — 1° Écrire les exercices d'application et d'invention, en marquant du signe *d c* les diphthongues-consonnes ;

2° Trouver et écrire trois mots qui présentent l'emploi des diphthongues-consonnes étudiées dans la leçon.

Table, trembler, blanc, clore, réclamer, éclat, fleur, flairer, gonfler, globe, engloutir, glorifier, plancher, aplanir, déplacer.
Briser, abreuver, ébrancher, — crosse, écraser, sucre, — droiture, encadrer, adresser, — frein, effrayer, fraternel, grossir, grimace, graver, — prendre, provision, approprier, — trahir, retrouver, traverser, — vrille, invraisemblable, vivre.

3° Faire par écrit l'analyse syllabique des mots suivants en indiquant les diphthongues-consonnes.

Câble, combler, timbre, nombre, éclair, clairon, nacre, croûte pendre, plaindre, fléchir, enfler, triangle, seigle, agréable, grossier, replier, placer, propriété, éprouver, treille, traître.

Même travail sur les mots de la fable qui suit :

La Brebis et le Chien.

La brebis et le chien, de tous les temps amis,
Se racontaient, un jour, leur vie infortunée.
Ah! disait la brebis, je pleure et je frémis
Quand je songe aux malheurs de notre destinée!
Toi l'esclave de l'homme, adorant des ingrats,
Toujours soumis, tendre et fidèle,
Tu reçois pour prix de ton zèle
Des coups, et souvent le trépas.
Moi, qui tous les ans les habille,
Qui leur donne mon lait et qui fume leur champ,
Je vois, chaque matin, quelqu'un de ma famille
Assassiné par des méchants.
Leurs confrères, les loups, dévorent ce qui reste.
Victimes de ces inhumains,
Travailler pour eux seuls, et mourir par leurs mains
Voilà notre destin funeste.
Il est vrai, dit le chien, mais crois-tu plus heureux
Les auteurs de notre misère?
Va, ma sœur, il vaut encor mieux
Souffrir le mal que de le faire.

SEPTIÈME LEÇON

DIPHTHONGUES-CONSONNES (SUITE).

I. **Récapitulation.** — Quest-ce qu'une diphthongue consonne ?... Comment se forment les diphthongues-consonnes que vous avez étudiées précédemment?...

II. **Exposition.** — Lisez avec intention les lignes suivantes :

1.

Mnémon, pneumonie, pneumatique.	MN	PN
Ptolémée, psaume, ellipse.	PT	PS
Sbire, spirale, spatule, spoliation.	SB	SP
Scapin, scandale, stable, store.	SC	ST
Scribe, scrutateur, stratagème, strident.	SCR	STR

Le maître fait lire avec attention les mots du nº 1. Il fait remarquer : 1° que les consonnes *mn*, *pn*, *pt*, *ps* sont inséparables et forment une seule syllabe avec la voyelle qui suit. Ce sont donc aussi des *diphthongues consonnes* ;

2° Que les consonnes *sb*, *sp*, *sc*, *st*, s'unissent également pour ne former qu'une seule syllabe avec la voyelle qui suit, et ne se trouvent qu'au commencement des mots ;

3° Que les consonnes *scr*, *str*, sont également unies dans la même syllabe, et forment en quelque sorte une double *diphthongue-consonne* qui ne se trouve aussi qu'au commencement des mots ; puis il fait résumer ainsi ces explications .

Les réunions de consonnes *mn, pn, pt, ps,* forment une *diphthongue-consonne* et appartiennent à la même syllabe.

Les réunions de consonnes *sb, sp sc, st* forment également une *diphthongue-consonne* qui ne se trouve qu'au commencement des mots.

La consonne *s* qui précède les *diphthongues cr* et *tr*, forme avec elle un *diphthongue composée*, *scr, str,* au commencement des mots.

2.

(*axe*, *rixe*, *luxe*, *paradoxe*, *oxyde*).	CS	(X)

(*exilé*, *examen*, *exode*, *exhibition*). GZ (X)
Xavier, Xercès, Xantippe, Xénophon. GZ (X)

Le maître fait prononcer avec soin les mots de chaque ligne, puis il amène les élèves à remarquer que la lettre *x* équivaut réellement, dans les mots de la première ligne, aux deux consonnes ou à la diphthongue *cs* (*acse*, *axe*).

Il leur fait ensuite remarquer que la valeur de cette lettre *x* change un peu dans les mots de la 2e et de la 3e ligne où elle équivaut à *gz*, et se trouve substituée à cette *diphthongue-consonne*.

Il leur fait remarquer, en outre, 1° que dans les mots de la seconde ligne la lettre *x*, qui est une véritable diphthongue-consonne, est précédée d'un *e* et suivie d'une voyelle; 2° que dans les mots de la troisième ligne elle commence le mot. Il leur fait tirer ainsi la conséquence que la lettre *x*, précédée d'un *e* et suivie d'une voyelle, ou placée au commencement d'un mot, équivaut à *gz* et se prononce ainsi. Il leur fait encore remarquer que dans le mot *exhibition*, l'*h* étant muet ne compte pour rien, et que le *x* se prononce comme s'il était suivi d'une voyelle. Il les amène à résumer ces explications ainsi :

Dans les mots de la première ligne, la lettre *x* équivaut à la diphthongue-consonne *cs*, et forme à elle seule une DIPHTHONGUE-CONSONNE.

Dans les mots de la seconde ligne où la lettre *x* est précédée d'un *e* et suivie d'une voyelle, elle équivaut à *gz*, et se prononce ainsi.

Dans les mots de la troisième ligne où elle commence le mot elle équivaut également à *gz*.

Y a-t-il d'autres diphthongues-consonnes que celles qui sont formées par la réunion de *l* ou de *r* à une consonne précédente, et quelles sont-elles?... La diphthongue formée par la lettre *s* suivie d'une autre consonne se trouve-t-elle dans le corps des mots?... Donnez un exemple de diphthongue-consonne formée de trois lettres...

Comment écrit-on les diphthongues *cs* et *gz*?... Quand est-ce que la diphthongue *x* doit se prononcer comme *gz*?...

III. **Exercices d'application et d'invention.** — 1° Indiquer les diphthongues-consonnes dans les mots suivants et avertir quand le *x* équivaut à *cs* ou à *gz*.

Statue, exil, scruter, scandale, fixe, exemple, exécrable, station, scorpion, existence, sexe, exiger, taxe, aptitude, psalmodie, scier, strict, amnistie, style, scrupule, spontané, François Xavier.

2° Chercher et écrire des mots qui présentent l'emploi des diphthongues *mn*, *pn*, *pt*, *ps*, *sb*, *sp*, *sc*, *st*, *scr*, *str* et *x*.

Hymne, mnémonique, omnibus, gymnase, apte, susceptible, prolepse, catalepsie, spasme, spécial, scolaire, scorpion, stalle, statut, scrupule, scrutin, structure, stranguler, examiner, exagérer, verser, luxation, exhumation, exhorter, saxifrage, axiome, exemption, exaucer, extraire.

IV. **Questionnaire.** — 27. Comment sont formées les *diphthongues-consonnes* de la seconde série?

28. Quand est-ce que la consonne *s* forme une diphthongue-consonne par son union avec une autre consonne?

29. Comment représente-t-on ordinairement la consonne *s*, précédée de *c* ou de *g*?

30. Quand est-ce que la lettre *x* prend le son doux et équivaut à *gz*?

V. **Principes.** — 27. La seconde série comprend : 1° Les diphthongues *mn, pn, pt*, qui sont très-peu usitées; 2° les diphthongues formées de la consonne *s* suivie d'une autre consonne; 3° les diphthongues formées de la consonne *s* précédée d'une autre consonne.

28. La consonne *s* précédée d'une autre consonne ne forme une diphthongue qu'au commencement des mots.

29. La consonne *s* précédée de *c* ou de *g* est représentée le plus souvent par le caractère *x*.

30. *X* prend le son doux de *gz* au commencement des mots et dans le corps des mots lorsqu'il est précédé de la lettre initiale *e*, et suivi d'une autre voyelle. Partout ailleurs il prend le son du *cs*.

VI. **Devoir par écrit.** — 1° Écrire les deux exercices d'application et d'invention.

2° Indiquer dans les phrases suivantes les diphthongues-consonnes en plaçant au-dessus le signe *dc* et en soulignant les *x* qui doivent se prononcer *cs*.

1. Malheur à celui qui scandalise un enfant, a dit Notre Seigneur Jésus-Christ 2. L'Église excommuniait les chrétiens qui persistaient[1] dans une conduite scandaleuse. 3. Il ne faut pas s'enrichir par des stratagèmes coupables. 4. L'ivrognerie conduit à la stupidité. 5. Avant d'approcher de la table sainte il faut examiner scrupuleusement sa conscience. 6. L'auteur de ce livre exécrable a été condamné à l'exil. 7. L'essieu est l'axe où sont fixées les roues. 8. Le luxe est un mauvais exemple qu'il faut s'abstenir de suivre. 9. Celui qui exige d'un plus faible que lui une chose à laquelle il n'a pas droit est un spoliateur.

3° Trouver et écrire un certain nombre de mots où l'*x* se prononce *gz*, et d'autres où il se prononce *cs*.

Exactitude, exalter, exhumer, exhorter, exaucer, exécrable, exemple, exempt, exiger, exigu, existence, exorbitant, exorde, exutoire, exubérance, exulcérer, exhiber, exhaler, exhéréder, exécution. — Excommunié, excuse, exclure, expier expatrier, expédier, expliquer, exposer, vexation, sexe, Saxe, taxe, luxation, axe, axiome, axillaire, oxyde, contexture, ataxique, extravagance.

HUITIÈME LEÇON.

DIHPTHONGUES-VOYELLES.

I. **Récapitulation.** — En quoi les voyelles diffèrent-elles des consonnes?... Combien distingue-t-on d'espèces de voyelles?... Indiquez les voyelles de chaque espèce.

II. **Exposition.** — Vous avez vu dans la dernière leçon qu'on appelle *diphthongue-consonne* la réunion de deux consonnes qui ne doivent pas se séparer dans la prononciation, et qui font entendre ainsi dans la même syllabe une double articulation.

Il en arrive ainsi pour les voyelles. Souvent deux ou plu-

---

1. Per sis taient. Consulter les deux leçons sur la syllabation, et veiller à ce que les élèves ne prennent pas pour des diphthongues les consonnes qui appartiennent à des syllabes différentes.

sieurs voyelles se trouvent tellement liées dans un mot, qu'on ne doit pas les séparer dans la prononciation, et qu'elles appartiennent ainsi à une même syllabe, en faisant entendre un double son ou un son mélange et formé de deux voix comme dans les tableaux suivants :

1.

OI. — Roi, loi, toise, croire, emploi.
OIN. — Soin, pointe, moindre, témoin.

2.

ié	*iè*	*ieu*	*ien*	*ion*
Pitié,	tiède,	Dieu,	chien,	espion.
Li é,	pri ère,	pi eux,	li en,	nous li ons.

io	*ia*	*ian*
Pioche,	diable,	viande.
Bri oche,	il pri a,	tri angle.

ui	*uin*	*ué*	*uè*	*oui*	*ouè*
Étui,	juin,	tué,	écuelle,	oui	fouet.
Flu ide,	ruine,	salué,	cruel,	Louis.	

3.

u a	*u an*	*ou é*	*ou a*	*ou an*
Nu age,	pu ant,	jou é,	lou a,	lou ange.

Le maître fait lire successivement les trois sections du tableau, en ayant soin que les élèves unissent, dans la prononciation, les deux voyelles des diphthongues, de manière qu'elles ne paraissent former qu'un seul son.

Il fait remarquer, dans la première ligne, que la voyelle *i* jointe à l'*o* prend presque le son de l'*a*, et qu'on prononce *loi*, *moi*, à peu près comme s'il y avait *loa, moa*, dont on unirait les deux sons dans la prononciation.

M. Qu'avez-vous remarqué sur la manière dont j'ai prononcé les mots *soin, témoin?* — *E*. Que vous rapprochez tellement le son *o* du son *in,* que les deux sons réunis ne paraissent en faire qu'un. — *M*. Effectivement, les deux voyelles ainsi réunies ne forment qu'une seule syllabe, bien que l'oreille y distingue un double son. C'est pour cela que ce double son, formé par la réunion de deux voyelles, se nomme *diphthongue-voyelle*. Que remarquez-vous sur les mots *loi, roi?* — *E.* Que l'*i* qui est après l'*o* se prononce à peu près comme *a, loa, roa.* — *M.* Qu'appelle-t-on diphthongue-voyelle? Comment prononce-t-on l'*i* dans la diphthongue *oi,* etc.

Le maître fait lire les lignes suivantes présentant des exemples de diphthongues formées de la voyelle *i*, suivie d'une autre voyelle. Après chaque ligne il fait lire les exceptions qui y ont rapport, et fait remarquer aux élèves que, dans ces exceptions, la voyelle *i* et celle qui la suit se prononcent séparément et forment deux syllabes distinctes[1]. Il fait remarquer, en outre, que cette séparation a lieu surtout quand la voyelle *i* est précédée des diphthongues *bl, cr*, ou des lettres *l* et *r*.

M. La voyelle *i* forme-t-elle toujours une diphthongue avec la voyelle qui la suit?— *E.* Non. Dans quelques mots, les deux voyelles se prononcent séparément. — *M.* Quand est-ce qu'il faut prononcer séparément les deux voyelles? — *E.* Quand la voyelle *i* est précédée des diphthongues *bl, cr*, ou des consonnes *l* et *r*.

Le maître fait lire les diphthongues formées de la voyelle *u*, suivie d'une autre consonne. Il fait remarquer que la voyelle *u*, suivie d'une autre consonne, donne lieu le plus ordinairement à deux syllabes distinctes, et que cela a lieu surtout quand *u* et *ou* sont suivis de *a* et *an*.

M. Quelle remarque faites-vous sur les diphthongues formées de *u* et de *ou* et d'une autre voyelle? — *E.* Je remarque qu'à l'exception de *ui* et de *uin*, qui restent ordinairement diphthongues, les voyelles *u* et *ou* suivies d'une autre voyelle et spécialement de *a* et de *an* se prononcent séparément et forment deux syllabes distinctes. — *M.* Ainsi vous vous rappellerez en général que la voyelle *o*, suivie d'une autre voyelle, forme toujours avec elle une diphthongue, tandis que le contraire a lieu pour les voyelles *u* et *ou*, lesquelles, à peu d'exceptions près (ui, uin, etc.), se séparent toujours de la voyelle qui les suit. Quant à la lettre *i*, suivie d'une autre voyelle, tantôt elle se joint à cette voyelle pour former une diphthongue, et tantôt elle s'en sépare. C'est l'usage qui apprend à faire cette distinc-

---

1. Cette séparation se marque surtout dans les vers.

tion, mais cet usage n'est pas même toujours bien fixe sur ce point.

Le maître fait résumer ainsi ces explications :

[Les mots du nº 1 ont tous une syllabe formée des voyelles *oi* ou *oin*, qu'on prononce en une seule émission de voix et qui forment toujours des DIPHTHONGUES-VOYELLES. La diphthongue *oi* se prononce à peu près comme *oa*.

Les voyelles qui se suivent dans les mots du nº 2 se prononcent tantôt réunies comme dans les mots de la première ligne où elles forment des *diphthongues*, et tantôt séparées comme dans les mots de la seconde ligne où elles forment des *dissyllabes*. Ces réunions de voyelles forment donc tantôt des diphthongues, tantôt des dissyllabes.

Les voyelles qui se suivent dans les mots du nº 3 se prononcent toujours séparément et forment des dissyllabes.]

III. **Exercices d'application et d'invention.** — 1º Indiquer les diphthongues ou les dissyllabes dans les mots et les phrases qui suivent.

Lieu, foi, toi, amitié, le sien, tabatière, ivoire, foire, bien, voiture, moyen, tuyau, pointer, coing, pluie, fuite, noire, à foison, moisson, boisson, tiédeur, pièce, vieux, mieux, Prussien, inférieur, factieux, crier, il cria, nous crions, patience, méfiance, client, ingrédient, puer, puant, vouant, vous avez voué.

1. L'herbe qu'on coupe et qu'on fait sécher devient du foin. 2. Nous avons foi en Dieu et en ses promesses. 3. Avant de nous mettre au travail, n'oublions pas d'invoquer les lumieres du Saint-Esprit. 4. Appliquez-vous d'abord à faire bien, vous chercherez ensuite à faire mieux. 5. Le bon emploi du temps et la bonne conduite sont le meilleur moyen d'obtenir la confiance et d'arriver à la considération. 6. Il ne faut se fier ni à un faible appui, ni à un tiède ami.

2º 1. Chercher et écrire des exemples de l'emploi des diphthongues *oi* et *oin*; 2. des mots où les diphthongues de la 2ᵉ classe soient tantôt réunies en diphthongues et tantôt séparées en syllabes; 3. des mots en exemple pour l'emploi des voyelles *ua, uan, oua, ouan, oué*.

1. Oison, toison, pamoison, emploi, toiture, avoine, soin, poing, besoin, sainfoin, loin, poindre, croire, boire.

2. Pied, entier, volière, lumière, rien, maintien, lieu, adieu, lion, champion, fiole, piaule, diacre, fiacre, faïence, appui, huile, suint, fouine, liquéfier, perpétué, équestre, rouet.

Cri-er, parti-el, magici-en, inféri-eur, souri-ons, tri-o, glori-ole, fri-able, souri-ant, annu-ité, éblou-i, continu-é, gradu-é, blu-et, alou-ette.

3. Mu-able, conclu-ant, trou-é, jou-a, secou-ant.

IV. **Questionnaire.** — 31. Qu'appelle-t-on diphthongues-voyelles?

32. Quelles sont les voyelles qui forment toujours une diphthongue quand elles se suivent?

33. Quelles sont les voyelles qui ne forment une diphthongue que dans certains cas?

34. Quelles sont les voyelles qui ne forment que très-rarement des diphthongues?

V. **Principes.** — 31. Deux voyelles prononcées ensemble, sans intervalle sensible, s'appellent *diphthongues-voyelles.*

32. La voyelle *o*, suivie de *i* ou de *in*, forme toujours une diphthongue avec ces voyelles; l'*i*, dans *oi*, prend un son presque semblable à celui de l'*a*.

33. La voyelle *i*, suivie d'une autre voyelle, forme ordinairement une diphthongue avec cette voyelle. Cependant les deux voyelles se séparent dans certains mots et forment deux syllabes distinctes. Cette séparation a lieu surtout lorsque la voyelle *i* est précédée immédiatement des consonnes *l*, *r*.

34. Les voyelles *u* et *ou*, suivies d'une autre voyelle, se prononcent séparément et forment très-rarement une diphthongue avec la voyelle qui suit.

VI. **Devoir par écrit.** — 1° Écrire le premier exercice d'invention et d'application en ayant soin de réunir les diphthongues et de les souligner, et de séparer au contraire par un trait — les voyelles qui doivent former des dissyllabes : *lou-able*, il *pri-a*. On soulignera aussi les diphthongues-consonnes qu'on rencontrera.

2° Mettre par écrit le 2e exercice d'application.

3° Trouver et écrire dix mots offrant l'emploi des diphthongues *oi* et *oin*. = Trois mots offrant l'emploi des dissyllabes *ua*, *uan*, *oua*, *ouan*; = deux mots offrant l'emploi de chacune des diphthongues de la 2e classe soit réunies en diphthongues, soit séparées en dissyllabes.

1. Effroi, espoir, poire, savoir, bois, choisir, joindre, moins, foin, bédouin, la Loire, l'histoire, le témoin.

2. Distribu-a, nous salu-âmes, afflu-ence, influence, dévou-a, nous lou-âmes, Cordou-an, vou-ant, tu-ant, lou-able.

3. Pilier, tabli-er, bière, ouvri-ere, cieux, studi-eux, chrétien, Adri-en, soumission, porti-on, compatri-ote, piano, il cri-a, croyance, confi-ance, luire, assidu ité, suinter, liquéfaction afflu-er, fouine, réjou-ir, ouest, je lou-ais.

NEUVIÈME LEÇON

SIGNES D'ORTHOGRAPHE : ACCENTS, E MUET, É FERMÉ, È OUVERT.

I. **Récapitulation.** — Combien distingue-t-on de sortes de voyelles?... Indiquer les voyelles simples...

II. **Exposition.** — Il y a dans l'écriture des signes qui servent à indiquer certains changements opérés soit dans la valeur et le son des voyelles, soit dans la valeur et le son des consonnes, soit dans la syllabation, c'est-à-dire dans la liaison des diverses parties d'un mot. Ces signes s'appellent *les signes orthographiques*. A quoi servent les signes orthographiques?...

Les accents que vous connaissez déjà par l'usage sont au nombre des signes orthographiques. Nous allons les passer en revue.

Lisez avec attention les lignes suivantes, en donnant à chaque lettre la prononciation qui lui convient.

Venin, pomme, fortifie, *e muet.*
Écarté, nommé, fortifié, *é fermé — accent aigu.*
Cautère, mère, fière, *è ouvert — accent grave.*
Fête, le même, il bêle, *ê ouvert — accent circonflexe.*

Lisez les trois premières lignes de ce tableau.

III. Les voyelles indiquées par une lettre italique dans les mots de chacune de ces lignes sont-elles entièrement semblables pour le son?... *E*. Non. Ce sont au contraire trois voyelles différentes et distinctes. Celles de la première ligne se prononcent *e*, celles de la seconde *é*, celle de la troisième è. — *M*. Sont-elles représentées par la même lettre ou par le même caractère? — *E*. Oui, elles sont représentées par la lettre *e*; mais l'*e* est seul dans la première ligne, tandis qu'il est surmonté du petit signe ´ dans la seconde et du petit signe ` dans la troisième.

M. Ces petits signes se nomment des *accents*. Celui de la seconde ligne incliné de droite à gauche s'appelle *accent aigu*, celui de la 3e ligne incliné de gauche à droite s'appelle *accent grave*. Retenez bien ces noms. Maintenant, pour distinguer entre elles ces trois voyelles *e*, *é*, *è*, on leur a donné à chacune un nom différent. La première *e* s'appelle *e muet*, la seconde *é* s'appelle *é fermé*, la troisième *è ouvert*. Montrez-moi l'*e muet*..., l'*é fermé*..., l'*è ouvert*. Quel accent y a-t-il sur l'*é fermé*?... (un accent aigu). Sur l'*è ouvert*?... (un accent grave). Quel accent met-on sur l'*é fermé* ?... (un accent aigu). Quel accent met-on sur l'*è ouvert*?... (un accent grave).

Lisez maintenant la quatrième ligne du tableau. Quelle est la voyelle qui est écrite en lettre italique?... A quelle voyelle ressemble-t-elle pour le son? Est-ce à l'*e* muet à l'*é* fermé ou à l'*è* ouvert? — *E*. Elle ressemble plus à l'è ouvert qu'aux autres. — *M*. A-t-elle absolument la même forme? — *E*. Non : elle est surmontée d'un autre signe. — *M*. Remarquez que ce signe diffère des deux autres accents, et qu'il en est en quelque sorte formé, puisqu'il porte à la fois un trait qui penche de droite à gauche et un autre de gauche à droite.

Retenez bien maintenant le nom de cet accent nouveau, et la manière dont il est fait. On l'appelle l'*accent circonflexe*, et il indique qu'il faut prononcer l'*è ouvert*, encore plus ouvert ou plus grave que l'è ouvert ordinaire. Voyez *mère*, *blême* ; *mystère* ; *tête*.

Cherchons maintenant des mots qui s'écrivent avec un *e* muet [1].

Avec un *é* fermé [2].

Avec un *è* ouvert marqué de l'accent grave [3].

Avec un *ê* ouvert marqué de l'accent circonflexe [4].

1. Ange, viande, arbre, langue, demain, tendre, aboiement, grappe, semaine, cabane, dimanche, pauvre.
2. Marché, été, bonté, épi, désir, décidé, étranger, désagrément, défaut, témoin, précédé, préjugé.
3. Flèche, siecle, meche, règle, frere, pere, pièce, mètre, fièvre, levre, rivière, lumière.
4. Pêche, baptême, trêve, chêne, gêne, blême, crêpe, fenêtre, tempête, fête, arrêter, tête.

Récapitulons tout ce que vous venez d'apprendre.

[Les *e* de la première ligne sont des E MUETS; ils ne sont surmontés d'aucun accent.

Les *é* de la 2e ligne sont des É FERMÉS; il sont surmontés de l'ACCENT AIGU.

Les *è* de la 3e ligne sont des È OUVERTS; ils sont surmontés d'un ACCENT GRAVE.

Les *ê* de la 4e ligne sont encore des È OUVERTS, et sont surmontés d'un ACCENT CIRCONFLEXE.

On distingue donc en français trois sortes d'*e*: l'*e muet*, l'*é fermé*, l'*è ouvert*.

On distingue trois sortes d'accents: l'accent AIGU qui se met sur les *é fermés;* l'accent GRAVE et l'accent CIRCONFLEXE qui se mettent sur les *è ouverts*.]

Lisez les lignes suivantes en les syllabant avec attention.

La mer, du sel, la vertu, l'esprit.
La terre, l'effroi, l'écuelle, la trompette.

Comment se prononcent les *e* de la première ligne? —*E*. Comme des *è* ouverts. — *M*. Ce sont en effet des *è* ouverts. Sont-ils placés à la fin de la syllabe? La terminent-ils? —*E*. Non. Ils sont suivis d'une consonne qui termine la syllabe.— *M*. Sont-ils surmontés d'un accent grave ou circonflexe! — *E*. Non. —*M*. Vous êtes donc amene à conclure ceci :

On ne met pas d'accent sur l'è ouvert quand il est suivi d'une consonne qui termine la syllabe.

Lisez la seconde ligne. De quoi sont suivis les *e* de cette ligne. — *E.* Ils sont suivis d'une double consonne. — *M.* Sont-ils surmontés d'un accent? — *E.* Non : et j'en tire cette conclusion.

On ne met pas d'accent sur l'è ouvert quand la syllabe qui suit commence par une double consonne.

Cherchons maintenant d'autres mots semblables à ceux de la première ligne... De la seconde.

1. Bec, chef, amer, autel, fer, termine, serpent, précepte, nous perdons, bref, servir, personne.

2. Galette, nacelle, planchette, effeuiller, steppe, messe, mettre, erreur, terrible, ferrer échelle, politesse.

Lisez avec attention les lignes suivantes :

1. *Où* vas-tu? Je vais *à* Paris. Il est l*à*.
   Vous *ou* moi. Le pauvre *a* faim. La brebis bêl*a*.
2. La c*ô*te, le d*ô*me, le c*ô*ne, j'*ô*te, *â*ge, fl*û*te, ao*û*t, une *î*le.
3. qu'il aim*â*t, qu'il fin*î*t, qu'il reç*û*t.

Que remarquez-vous dans les mots de la première ligne? — *E.* Je remarque que plusieurs lettres autres que l'*é* y sont surmontées d'un accent grave et que cela a lieu pour des mots d'une seule syllabe.

Voici donc la conclusion à en tirer.

L'accent grave se place aussi sur les voyelles de certains mots d'une seule syllabe, pour les distinguer d'autres monosyllabes qui s'écrivent avec la même voyelle, mais qui ont un autre sens.

Lisez les mots du nº 2. Qu'y remarquez-vous? — *E.* Je remarque que dans plusieurs mots l'accent circonflexe est placé au-dessus de certaines lettres. — *M.* Remarquez en outre, surtout dans les deux premières lignes, que le son de la lettre surmontée de l'accent circonflexe est tout à fait ouvert et grave. Ainsi la *côte* offre un son différent de la *botte* par exemple, le *dôme* ne diffère pas moins de la *pomme*, etc.

Les mots de la 3e ligne ne présentent-ils pas un caractère qui vous frappe? — *E.* Oui. Les mots où la voyelle est surmontée de l'accent circonflexe, sont tous précedés des mots *qu'il.*

On peut donc en déduire ce principe:

L'accent circonflexe se place encore sur les autres voyelles lorsque ces voyelles doivent être prononcées d'une façon plus grave ou plus ouverte, et souvent sur les voyelles finales des mots qui finissent par un t, et qui sont précédées du mot qu'il [1].

Essayons de trouver 1° des mots où il faille employer l'accent circonflexe pour indiquer une voyelle très-ouverte.

2° Des mots semblables à ceux de la 3e ligne.

1° Apôtre, impôt, tantôt, dépôt, le nôtre, ròder, ôter, ròle, pôle, mòle, pâte, âcre, âme, débàcle, tâcher, relàchement, blâme, château, mât, bàtir, mâchoire, brûler, bûche, embûche, sûreté, dévoûment, mûrement, gîte, maître.

2. Qu'il apprît, qu'il crût, qu'il pensât, qu'il se souvînt, qu'il reçût, qu'il rendît, qu'il voulût, qu'il cédât.

III. **Exercices d'application et d'invention.** — 1° Cherchez 10 mots dont une syllabe soit formée par un *e* muet, 10 par un *é* fermé, 10 par un *è* ouvert marqué par un accent grave et 10 par un *ê* ouvert marqué d'un accent circonflexe. — Cherchez 10 mots ou l'*è* ouvert soit suivi d'une consonne finale et 10 où il soit suivi d'une syllabe commençant par une double consonne.

Mesur*e*, armur*e*, dévou*e*ment, tendr*e*, lutt*e*, m*e*ner, sucr*e* tabl*e*, livr*e*, cag*e*.

C*é*der, bl*é*, *é*mietter, *é*lan, succ*e*der, pr*é*lat, taill*é*, plac*é*, fr*é*mir, agr*é*able, s*é*ve.

M*è*che, ti*è*de, br*è*che, cal*è*che, f*è*ve, m*e*tre, c*è*dre, il am*è*ne.

M*ê*me, r*ê*ve, supr*ê*me, ent*ê*té, m*ê*ler, gr*ê*le, ch*ê*ne, rev*ê*che, f*ê*lure, intér*ê*t.

Cep, net, grief, sec, hôtel, cher, discret, complet, mer, effet.

1. Ces règles seront développées plus tard. Il serait superflu d'entrer pour le moment dans d'autres explications.

crécelle, querelle, tablette, remettre, il appelle, parcelle, maisonnette, il jette, tresse, presser.

2° Cherchez plusieurs mots qui présentent l'emploi de l'accent grave sur une voyelle autre que l'*è* ouvert. Cherchez dix mots qui présentent l'emploi de l'accent circonflexe sur une voyelle grave autre que l'*è* ouvert. Cherchez dix mots qui présentent l'emploi de l'accent circonflexe dans un mot où la dernière voyelle est suivie d'un *t* et précédé du mot *qu'il*.

1. D'où viens-tu? de là-bas, déjà.
2. Pâmer, âne, crâne, chaîne, abîme, hôtel, chômer, mûr, sûr.
3. Il faudrait qu'il chantât, qu'il prêtât, qu'il sentît, qu'il revînt, qu'il mourût, qu'il dût, qu'il cessât, qu'il obéît, qu'il prévînt.

IV. **Questionnaire.** — 35. Combien distingue-t-on de sortes d'*e*? — 36. Combien avons-nous d'accents en français? — 37. L'accent grave ne se place t-il pas sur des voyelles autres que l'*è* ouvert? — 38. Dans quels cas peut-on supprimer l'accent grave avec l'*è* ouvert? — 39. L'accent circonflexe s'emploie-t-il avec d'autres voyelles que l'*è* ouvert?

V. **Principes.** — 35. On distingue trois sortes d'*e*, savoir : l'E MUET, comme dans *venin*, *amie*. L'É FERMÉ, caractérisé par l'accent aigu *é*, *été*, *révelé*. L'È OUVERT, caractérisé par l'accent grave ou l'accent circonflexe, *père*, *fidèle*, *même*, *rêve*. Lorsque l'*è ouvert* est surmonté d'un accent circonflexe, il prend un son encore plus grave, comme dans *tempête*, *blême*.

36. On compte donc en français trois accents; l'ACCENT AIGU qui se met sur les *e* fermés, l'ACCENT GRAVE et l'ACCENT CIRCONFLEXE qui se mettent sur les *è* ouverts.

37. L'accent grave se place encore sur les voyelles de quelques monosyllabe *à*, *où*, pour empêcher de les confondre avec d'autres monosyllabes qui s'écrivent de même, mais qui ont un sens différent et jouent un autre rôle. *Ex.* Chambre *à* louer, par *là*, de*çà*, de*là*, *où* êtes-vous?

38. L'*è* ouvert suivi d'une consonne qui termine la syllabe, ou d'une syllable qui commence par une double consonne

ne prend pas l'accent grave. — *E. Mer, vert, ils pressèrent, effrayé, eternelle, efféminé.*

39. L'accent circonflexe se place sur d'autres voyelles, comme *o, u, i, a, ou, eu* lorsque ces voyelles ont un son très-ouvert et sont longues dans leur prononciation, *apôtre, théâtre,* la *croûte.* Il se place aussi sur la voyelle de la dernière syllabe de certains mots terminés par un *t* et précédés des mots *qu'il. Ex.* Je désirais qu'il se *corrigeât,* qu'il *prît* de meilleures habitudes, qu'il *reçût* des éloges, qu'il *obtînt* des récompenses.

VI. **Devoir par écrit.** — 1° Faire par écrit le 1er exercice d'application et d'invention.

2° Faire par écrit le 2e exercice.

3° Trouver cinq ou six mots présentant l'emploi : 1° De l'*e* muet, 2° de l'*é* fermé, 3° de l'*è* ouvert surmonté de l'accent grave, 4° de l'*ê* ouvert surmonté de l'accent circonflexe, 5° de l'*e* ouvert sans accents, 6° de l'accent circonfle sur d'autres voyelles que l'*è* ouvert, 7° de l'accent circonflexe dans des mots précédés de *qu'il.*

1. Lever, charge, larme, tenir, place, fable, petit.
2. Aidé, détourné, irrité, méchant, péché, stérilité.
3. Lèvre, chèvre, crèche, il sèche, lepre, austere.
4. Crête, il apprête, prêle, empêcher, hêtre, blême.
5. Terrible, cerceau, belvéder, prunelle, musette.
6. Trône, hôte, voûte, maître, il connaît, épître.
7. *Il faudrait* qu'il prît, qu'il travaillât, qu'il parvînt, qu'il crût.

DIXIÈME LEÇON.

EMPLOI DU TRÉMA ET DE L'H ASPIRÉ.

I. **Récapitulation.** — Vous savez qu'on entend par diphthongue-voyelle le rapprochement de voyelles tellement unies dans la prononciation qu'on ne peut les séparer en les syllabant, et qu'elles appartiennent toutes deux à la même syllabe. Exemple : *tiè de, croi re,* etc.

Vous savez encore qu'il y a deux voyelles composées *eu ou*, formées chacune de l'assemblage de deux autres voyelles qui perdent leur valeur ordinaire pour représenter un seul son et former une seule voyelle.

Enfin l'usage vous a appris que le son *o* peut s'écrire par *o* ou par *au*, *au teur*, *défaut*, — le son *è* par *ai* : la *chaire*, la *chaîne*; — Le son *in* par *ein* et par *ain*, *le dessein*, *hautain*.

Comment se prononcent les voyelles diphthongues?...

De quoi sont formées les voyelles composées?... N'y a-t-il pas des voyelles simples qui sont remplacées dans l'écriture par d'autres voyelles[1]?

II. **Exposition.** — Examinez avec attention le tableau suivant :

Noise,	air,	Paul,	cou,	figue.
Mo i se,	ha ïr,	Sa ül,	Eo üs,	ci guë.
Pro hi be,	tra hir,	Bà hut,	co hue.	

Le maître fait lire et syllaber avec soin les mots de chaque colonne verticale. Il amène les élèves à remarquer que dans toutes les colonnes le premier mot présente une syllabe formée d'une voyelle diphthongue ou d'une voyelle composée : *oi*, *ai*, *au*, *ou*. Dans le mot *figue*, l'*u* est inséparable du *g* auquel il est uni pour lui donner le son dur devant *e*. C'est une lettre composée en même temps d'une consonne et d'une voyelle.

Il fait remarquer que dans les seconds et les troisièmes mots de chaque colonne, les deux voyelles de cette syllabe unique se séparent et forment deux syllabes au lieu d'une. Les mots de ces deux dernières lignes se trouvent ainsi avoir une syllabe de plus que ceux de la première. Il fait voir que cette séparation des deux voyelles reunies est indiquee dans la seconde ligne par les deux points placés sur la dernière voyelle, et dans la troisième ligne par l'*h* placé entre les deux voyelles.

Il leur apprend alors que ces deux points places sur une voyelle se nomment *trema*, et que le tréma a pour effet de faire séparer la voyelle qu'il surmonte de la voyelle précédente avec laquelle elle formerait naturellement une diphthongue ou une voyelle composée.

Il leur montre que l'*h* place entre les deux voyelles produit précisément le même effet que le *trema*. Après ces explications il amene par ses questions les elèves a formuler les reponses suivantes.

---

1. Nous rappelons qu'après chaque réponse il faut toujours exiger des exemples a l'appui.

Les mots de la première ligne présentent tous une syllabe formée d'une voyelle diphthongue ou d'une voyelle composée, *oi, ai, au, ou, ue.*

Dans les mots de la seconde et de la troisième ligne, ces deux voyelles se prononcent séparément, et forment chacune une syllabe distincte : *Mo ï se, pro hi be,* etc.

Cette séparation des deux voyelles est indiquée dans la seconde ligne par deux points placés sur la dernière voyelle.

Ces deux points forment un signe orthographique qu'on appelle TRÉMA.

La séparation est indiquée dans la dernière ligne par la lettre *h* placée entre les deux voyelles. La lettre *h* est dans ce cas un signe orthographique et s'appelle ici H ASPIRÉ.]

Qu'est-ce que le *tréma*?... A quoi sert le tréma et où se place-t-il?... Qu'est-ce que l'*h* aspiré et à quoi sert-il?...

Lisez maintenant les mots qui suivent :

1.		2.	
Le roi,	la reine,	Le héron,	la haine.
L'empereur,	l'impératrice,	L'homme,	l'humidité.

Faites attention aux mots de la première colonne. Par quelle espèce de lettre commencent les mots de la première ligne? — *E.* Par une consonne *roi, reine.* — *M.* Par quelle espèce de lettre commencent les mots de la seconde ligne? — *E.* Par une voyelle : *empereur, impératrice.* — *M.* De quels mots sont précédés les mots *roi, reine.* — *E.* Des petits mots ou des articles *le, la.* — *M.* De quels mots sont précédés les noms *empereur, impèratrice ?* — *E.* Je remarque que la lettre *e* et la lettre *a* de *le* et de *la* ont été supprimées et remplacées par un signe placée après le *l.* — *M.* Ce signe s'appelle une *apostrophe.* Quand faut-il remplacer l'*e* et l'*a* dans les articles *le* et *la?* — *E.* quand le mot qui suit commence par une voyelle.

M. Examinez maintenant la seconde colonne. Comparez les deux lignes ensemble, et faites ressortir les différences que vous y remarquez. — *E.* Les mots de la première ligne commencent par un *h* ainsi que ceux de la seconde, *héron, haine, homme, humidité*. Cependant on a conservé l'*e* et l'*a* devant les mots de la première ligne, et on les a remplacés par l'apostrophe devant les mots de la seconde. — *M*. Remarquez que dans la première ligne, la lettre *h* joue le même rôle que dans l'exercice précédent, où elle empêchait les deux voyelles de se réunir, et en formait ainsi deux syllabes séparées. Il en est de même ici. Sa présence dans *héron, haine,* empêchent de supprimer l'*e* et l'*a* des articles *le, la,* de sorte qu'il y a deux syllabes distinctes : *le héron*, comme dans *le roi*. C'est donc un *h* aspiré qui remplit en effet le même rôle et qui porte le même nom.

Dans les mots de la seconde ligne, au contraire, l'*h* n'empêche pas de remplacer la voyelle des petits mots *le* et *la,* que vous vous souvenez qu'on appelle des articles, par une apostrophe, absolument comme s'ils commençaient par une voyelle. L'*h* ici n'a donc plus la même valeur; il ne remplit plus le même rôle ; c'est une lettre d'une autre espèce, bien qu'ayant la même forme, et c'est pour cette raison qu'on l'appelle *h muet*, ou *nul*.

L'*h aspiré* joue donc tantôt le rôle d'un tréma en séparant deux voyelles qui sans cela formeraient une diphthongue ou une voyelle composée, et tantôt le rôle d'une consonne, en empêchant la suppression de la voyelle qui se retranche devant les mots commençant par une voyelle, et se remplace par l'apostrophe.

C'est pour ce motif aussi qu'on supprime toute liaison avec les mots qui commencent par un *h aspiré*. Ainsi l'on prononce : *Un grand tesprit, un grand thomme, de longues zerreurs, une mortel l'épouvante,* tandis qu'il faut prononcer *un gran cœur, un gran héros, de longues haines, une mortelle haine.*

Le maître récapitule ces explications en adressant aux élèves les questions suivantes :

Quelle observation faites-vous sur les mots de la première ligne ?...

[Les deux premiers mots de la première colonne commencent par une consonne, et les deux premiers de la seconde par un *h* aspiré. Ils sont également précédés des mots *le* et *la* qui forment une syllabe séparée.]

Quelle observation faites-vous sur les mots de la seconde ligne ?...

[Les deux mots de la première colonne commencent par une voyelle, et ceux de la seconde colonne par un *h* muet. Devant tous ces mots l'*e* et l'*a* de *le, la,* a été supprimé et remplacé par un signe qu'on nomme APOSTROPHE.]

Combien distingue-t-on d'espèces d'*h*?...

[On distingue deux espèces d'H : l'H ASPIRÉ et l'H MUET. L'*h aspiré* joue le rôle du *tréma* au milieu des mots, en empêchant de réunir les voyelles entre lesquelles il est placé. Il joue celui d'une consonne au commencement des mots, en empêchant les liaisons et le remplacement de certaines lettres par l'apostrophe.

L'*h muet* n'a aucune de ces propriétés et joue un rôle entièrement nul.]

Pour vous habituer à distinguer les mots où l'*h* est aspiré de ceux où il reste muet, lisez avec attention les listes suivantes :

H aspiré. La hache, se hausser, un huit, le houx, la houppe, une houe, la hotte, hocher, se hisser, se heurter, le hêtre, la herse.

H muet. Un habit, l'herbe, l'heure, très-heureux, l'histoire, un hôte, l'horreur, une horloge, l'humilité, l'hymne, humecter, l'huile.

III. **Exercices d'application et d'invention.** — 1° Cherchez des mots qui présentent l'emploi de l'*h aspiré* entre deux voyelles et celui du *tréma* sur une voyelle.

Cahutte, cahot, cahier, Cahors, bohémien, cohérence, cohorte, déharnacher, déhonté.

Coïncidence, caïman, conoïde, ovoïde, aiguë, contiguë, païen, Héloïse, glaïeul.

2° Cherchez des mots qui commencent par un *h aspiré*

et écrivez-les en les faisant précéder de l'article *le* ou *la*.

Cherchez des mots qui commencent par un *h muet*, et écrivez-les en les faisant précéder de l'article *le* ou *la*.

H aspiré. Le hurleur, la huppe, la huée, la huche, la houille, le houblon, hors, le hoquet, la honte, le Hongrois, le homard, le holà, le Hollandais, le hibou, le héron.

H muet. L'hysope, l'hypocrite, l'hygiène, l'hydropisie, l'humeur, l'humidité, l'hôtel, l'hospice, l'honneur, l'hommage, l'hiver, l'héritier, l'hectare, l'habitation.

III. **Questionnaire.** — 40. Qu'est-ce que le tréma, où se place-t-il, et quand faut-il en faire usage? — 41. Combien distingue-t-on d'espèces d'*h*? — 42. Qu'est-ce que l'*h* aspiré et quelle fonction remplit-il au commencement ou dans le corps du mot? — 43. Quel rôle joue l'*h* muet soit au commencement soit à la fin des mots?

IV. **Principes.** — 40. Le TRÉMA est un signe orthographique que l'on place sur une voyelle pour empêcher de la joindre à la voyelle qui la précède et pour les faire prononcer toutes deux séparément. Ex. *Moïse, ciguë*.

41. On distingue deux espèces d'*h* : l'H ASPIRÉ et l'H MUET.

42. L'*h* aspiré est une lettre ou un signe orthographique qui, placé entre deux voyelles dans le corps d'un mot, remplit l'office du tréma et les fait prononcer chacune isolément. Ex.: *Trahir, cohue*. Placé au commencement d'un mot, l'*h aspiré* y remplit l'office d'une consonne en empêchant soit la suppression de la voyelle de l'article, soit la liaison, dans la prononciation, de la syllabe qui précède avec la voyelle qui vient après l'*h*.

43. L'*h muet* placé au commencement ou à la fin d'un mot, n'empêche ni la suppression de l'article, ni la liaison avec la dernière syllabe du mot précédent, et ne se fait pas sentir dans la prononciation.

L'emploi de l'*apostrophe* qui a lieu devant l'*h muet*, n'a donc jamais lieu devant l'*h aspiré*.

VI. **Devoirs par écrit.** — 1° Mettre par écrit les deux exercices d'application et d'invention.

2° Écrire les phrases suivantes en rétablissant le tréma là où il est nécessaire, et en soulignant les *h* aspirés.

1. Les harengs, sont de petits poissons qu'on prend sur les bords de la mer, non avec des hameçons, mais dans des filets. 2 La ciguë est une plante vénéneuse qui occasionne la mort sans provoquer des douleurs aiguës. 3. Une conduite ambigue inspire la défiance. 4. Combien est préférable l'aimable naiveté d'un enfant! 5. Vous avez écrit, dans votre cahier, l'histoire de Caïn et les funestes suites de sa haine contre son frère Abel. 6. Esaü et Saül furent également malheureux pour avoir laissé entrer la haine et la vengeance dans leur âme. 7. Moïse monta sur le Sinaï au milieu des flammes et les éclairs qui en sortaient et qui éblouissaient les yeux des Israélites. 8. Cette chaumière exigue est contiguë à la haie de mon jardin. 9. Malgré la trahison de ses alliés, l'armée française combattit avec un courage héroïque.

3° Mettre au singulier les mots suivants en conservant ou en supprimant la dernière lettre de l'article selon que l'*h* est *muet* ou *aspiré*.

Les hameaux, les humbles toits, les hôpitaux, les haines, les hérons, les humides soirées, les hibous, les modestes habits, les hommes heureux, les honneurs, les hachures, les haies épineuses, les habitudes funestes, les habitations humides, les habiles ouvriers, les hallebardes, les harangues, les hardis soldats, les hannetons, les haillons.

ONZIÈME LEÇON.

APOSTROPHE. — CÉDILLE.

I. **Récapitulation.** — Comment indique-t-on la suppression de l'*e* et de l'*a* dans les articles *le*, *la*, lorsque le mot suivant commence par une voyelle ou un *h* muet?...

§ I. *Apostrophe.*

II. **Exposition.** — Vous avez vu dans la leçon précédente que l'on supprime l'*e* et l'*a* dans *le* et *la*, quand le mot qui suit commence par une voyelle ou par un *h* muet et qu'on remplace ces voyelles par un signe appelé *apostrophe.* Il y a d'autres mots après lesquels on emploie l'*apostrophe* pour indiquer la suppression de l'*e* qui les termine. Examinez avec attention les lignes suivantes.

1. L'ami, l'habit, l'été, l'héritage, l'or.
   L'âme, l'humilité, l'union, l'hirondelle.
2. Plat *d'a*rgent, goutte *d'e*au, cœur *d'h*omme.
   Plat *de* cuivre, goutte *de* liqueur, cœur *de* héros.
3. Je veux qu'il parte, qu'elle vienne, qu'importe.
   Je veux que tu partes, que ton frère vienne, etc.
4. J'obéis, j'humilie, tu t'indignes, elle s'abuse.
   Je m'habitue, d'où m'arrive cette lettre.

Le maître s'attache à faire remarquer que, dans les deux premières lignes où les mots commencent par une voyelle ou un *h* muet, la voyelle des articles *le* et *la* a été supprimée et remplacée par une *apostrophe*. Afin de mieux faire ressortir cette suppression, il fait écrire sur le tableau noir les mots avec l'article en entier, ou bien il fait indiquer à chaque mot la lettre supprimée et remplacée par l'apostrophe. Au n° 2 le maître appelle l'attention sur la suppression de l'*e* dans *de* devant les mots de la première ligne qui commencent par une voyelle ou un *h* muet, et son maintien devant les mots de la seconde ligne qui commencent par une consonne et un *h* aspiré. Il en prend occasion de faire répéter le principe sur la suppression des lettres *a* ou *e* devant certaines lettres et leur remplacement par une apostrophe. Enfin il signale aux n°s 3 et 4 la suppression de l'*e* dans le mot *que* et dans les mots *je, me, te, se*. Il fait remarquer aux élèves que tous ces mots dans lesquels une voyelle se trouve ainsi supprimée sont des monosyllabes, et il les amène à résumer ces diverses explications ainsi qu'il suit :

[Dans les deux premières lignes les petits mots ou les articles *le* et *la* sont suivis de mots qui commencent par une voyelle ou un *h muet*. On retranche *e* dans *le* et *a* dans *la*, et on les remplace par une *apostrophe*.

Dans le n° 2, *de* est suivi dans la première ligne d'un mot qui commence par une *voyelle* ou un *h muet*; l'*e* est retranché et remplacé par l'*apostrophe*. Au contraire, il est suivi dans la seconde ligne de mots qui commencent par une *consonne* ou un *h aspiré*, et *de* s'écrit sans retranchement de lettre.

Dans le n° 3, *que* est suivi de mots qui commencent par une *voyelle* ou un *h muet*, l'*e* se retranche et se remplace par l'*apostrophe*.

Dans le n° 4, on retranche l'*e* que l'on remplace par une apostrophe dans les mots *je*, *me*, *te*, *se*, parce qu'ils sont suivis d'un mot qui commence par une *voyelle* ou un *h muet*.

L'apostrophe est un signe orthographique qui remplace une lettre supprimée. On remplace par une apostrophe la voyelle finale des monosyllabes *le*, *la*, *de*, *que*, *je*, *me*, *te*, *se*, lorsque les monosyllabes sont suivis d'un mot qui commence par une voyelle ou un *h* muet.

Ce retranchement de lettre s'appelle élision.

§ II. *Cédille.*

1. Faucon, cavalcade, curé, africain.
2. Rançon, façade, gerçure, français.
3. Nous plaçons, tu plaçais, agaçant, reçu.

Le maître fait comparer les mots de la 1re ligne avec ceux de la 2e et de la 3e. Il s'attache à ce que les élèves saisissent bien la différence qui existe entre la prononciation de ces mots et apprécient par là même le rôle joué par la *cédille* qui cause cette différence. Il leur fait répéter le nom et tracer la forme de ce signe orthographique, et les exerce à savoir dire quel est son emploi. Puis il les amène à résumer ainsi ces diverses instructions.

[Les lettres *c* dans la première ligne ont leur forme et conservent leur son ordinaire.

Dans les deux lignes suivantes on a placé au-dessous de chaque *c* un petit signe appelé CÉDILLE, qui change sa prononciation et lui donne la valeur de la lettre *s* ou de deux *ss*.

La cédille est un signe orthographique que l'on met sous le *ç* pour en adoucir la prononciation et lui donner le son du double *ss*.]

III. **Exercices d'application et d'invention.** — 1° Chercher et écrire six mots devant lesquels on retranche la voyelle finale de l'article en la remplaçant par une apostrophe, et six mots devant lesquels on ne la retranche pas. — Six mots devant lesquels on retranche *e* dans *de*, et six mots devant lesquels ce retranchement n'a pas lieu.

L'argent, l'honnêteté, l'image, l'ouvrage, l'orgueil, l'heure.

La pluie, le cœur, la hure, le bois, le coteau, la haie, le héron.

Mourir d'envie, frappé d'horreur, prix d'entrée, vase d'or, l'arrivée d'un ami, être d'avis, péché d'habitude.

Mourir de peur, accablé de honte, prix de vertu, coup de hache, l'arrivée de sa mère, piquant de hérisson.

2° Chercher six mots devant lesquels on retranche *e* dans les mots *que, je, me, te, se,* et six mots devant lesquels ce retranchement ne doit pas avoir lieu.

Qu'il vienne, qu'en dites-vous? J'y réfléchirai. Telle qu'elle est. J'entends frapper. Ne l'effraye pas. Je m'échappe. Il s'épouvante. J'honore, il m'humilie, tu t'habilles, il s'habitue.

Que veux-tu? Je désire te parler. Je sors. Se repentir.

Te reverrai-je? Que faire? Je me retire. Je hais le mal, je me hâte, tu te hasardes, il se hausse.

IV. **Questionnaire.** — 44. Qu'est-ce que l'apostrophe? — Comment la place-t-on et quand faut-il l'employer? — 45. Qu'appelle-t-on élision? — 46. Qu'est-ce que la cédille? Sous quelle lettre la place-t-on, et quel est son effet?

V. **Principes.** — 44. L'APOSTROPHE est un signe qui s'emploie pour indiquer la suppression de la voyelle finale de certains mots lorsque le mot qui suit commence par une *voyelle* ou un *h* muet.

45. On appelle ÉLISION le retranchement de la voyelle remplacée par l'apostrophe.

46. La CÉDILLE est un signe orthographique qui se place sous le *c* pour lui donner le son de *s* devant les voyelles *a, o, u* et leurs dérivés.

VI. **Devoir par écrit.** — 1° Mettre par écrit le premier exercice d'application et d'invention.

2° Mettre par écrit le second exercice d'application et d'invention.

3° Mettre au singulier les mots suivants avec l'article convenable et en supprimant ou en conservant l'*e* ou l'*a* de l'article. — Trouver six mots précédés de *de* avec l'élision, et six sans élision.

Les hérissons, les hommes, les habitudes, les orages terribles, les vallées, les hameaux, les humbles vertus, les houx, les flambeaux, les autels, les oiseaux, les parfums des fleurs, les horreurs de la guerre, les hôtes des étangs, les hamacs du navire.

Temps d'épreuve, corps d'armée, travaux d'art, force d'habitude, esprit d'ordre, être d'humeur. — Temps de halte, corps de garde, travaux de serrurerie, plein de respect, esprit de contradiction, chemin de hallage, dent de herse.

4° Trouver six mots précédés de *que, je, me, te, se,* avec élision et six sans élision.

Qu'il vienne, qu'entends-tu, j'ouvre, j'enferme, il m'oublie, vous m'écoutez, nous t'en informons, t'en souvenir, t'avancer, j'habite ici, le papier s'humecte.

Que devenir, je veux que tu me le prêtes, je te le rendrai, il me parle, nous te ramènerons, il se corrige, ils se sont écrit, se taire, il me harangue, il te harcèle, il se hérisse.

DOUZIÈME LEÇON

SIGNES DE PONCTUATION.

(Il est très-important d'accoutumer de bonne heure les enfants à observer dans la lecture les repos et les intervalles déterminés par le sens du morceau et indiqués par les signes de ponctuation. Il convient donc qu'ils connaissent ces signes, qu'ils en remarquent la forme, qu'ils en sachent la valeur et le nom, et qu'ils s'habituent à n'en omettre aucun quand ils écrivent sous la dictée ou qu'ils copient. C'est à quoi doit se borner leur instruction sur cette partie, jusqu'à l'époque où ayant étudié la construction et la liaison des phrases, ils seront en état de comprendre les règles relatives à l'emploi raisonné de la ponctuation.

Pour le moment il suffit de leur faire apprendre la valeur et le nom des signes avec une indication très-sommaire des circonstances où il faut les employer. Tel est l'objet de cette leçon.)

I. **Récapitulation.** — 1° De quoi se compose le langage?...

De quoi se compose la phrase?... Y a-t-il un intervalle entre les phrases?... entre les mots?

II. **Exposition.** — Vous savez que le langage se compose de phrases, et que les phrases sont formées de mots. Vous savez de plus que les phrases et les mots ne se suivent pas sans intervalle ni interruption. On observe entre les phrases et aussi entre les mots, soit dans l'écriture, soit dans la prononciation, certains repos dont quelques-uns même sont indiqués par des signes que vous avez déjà remarqués et que vous savez employer en écrivant. Vous savez encore que ces signes sont appelés signes de ponctuation.

Il est utile de passer en revue ces différents signes, de connaître en général la valeur de leur signification, d'en connaître le nom et la forme, et de savoir les employer.

Lisez les phrases suivantes, en faisant attention aux signes de ponctuation qui s'y trouvent et au nom de chacun de ces signes.

Virgule ,. La douceur, la complaisance, la politesse, nous font aimer de tout le monde.

Point virgule ;. Dieu est bon, indulgent, miséricordieux; mais il est juste.

Deux points :. Jésus-Christ nous a dit : Aimez-vous les uns les autres.

Point . Adore Dieu. Aime ton prochain.

Point d'interrogation ?. Que faites-vous? Où va-t-il?

Point d'exclamation !. Que Dieu est puissant! Quelle faute!

Parenthèses ( ). Un de nos rois (Jean le Bon), a dit cette parole remarquable :

Guillemets « ». « Quand même la bonne foi serait bannie du reste de la terre, on devrait la retrouver dans le cœur et dans la bouche des rois. »

Le maître lit et fait observer aux élèves qu'il a mis un léger intervalle entre chacun des mots de la première phrase.

M. Comment est indiqué ce repos? — *E.* Par un signe qu'on appelle *virgule.* — *M.* Quand faut-il employer la virgule? — *E.* Quand le sens indique un léger repos.

Le maître fait remarquer à l'élève que lorsque le repos est plus prolongé, on l'indique par un *point-virgule*. — qu'on indique par *deux points*, un repos plus prolongé encore ; — enfin que le repos final se note par le *point*.

Si l'on interroge, le mot sur lequel finit la phrase prend une intonation particulière . le repos final ainsi modifié se marque par un *point d'interrogation*. On marque, par un *point d'exclamation*, la fin d'une phrase dans laquelle on exprime un sentiment vif d'admiration, d'amitié, de haine, etc.

Comment indique-t-on le repos le plus prolongé?... Comment indique-t-on le repos le plus court?... Quels sont les repos intermédiaires, et comment sont-ils indiqués ?...

Quelles sont les diverses espèces de *points*, et dans quels cas les emploie-t-on ?

La parenthèse et les guillemets n'offrent aucune difficulté. Dans la première, on renferme une phrase ou seulement un ou quelques mots détachés de la phrase principale et qui servent à l'expliquer. — On met des guillemets au commencement et à la fin des paroles que l'on rapporte telles qu'elles sont supposées avoir été dites.

Le maître fera remarquer à l'élève que l'ouverture de la parenthèse et des guillemets est toujours tournée vers la phrase citée. Il apprendra ainsi les expressions *ouvrir* et *fermer* la parenthèse ou les guillemets.

Quels sont les mots que l'on met entre parenthèses?... Où place-t-on les guillemets?... Qu'entend-on par *ouvrir* et *fermer* la parenthèse ou les guillemets?...

II. **Exercices d'application et d'invention.** — Le maître fera écrire au tableau les phrases données en devoir ci-après. Il exercera les élèves à les ponctuer convenablement.

III. **Questionnaire.** — 47. A quoi servent les signes de ponctuation? — 48. Par quels signes sont indiqués les différents repos dans la phrase? — 49. Quel est l'usage du *point d'interrogation* et du *point d'exclamation?* — 50. Quel est l'usage de la *parenthèse* et des *guillemets?*

IV. **Principes.** — 47. Les repos nécessaires dans la lecture pour la clarté du sens et la facilité de la respiration, sont indiqués dans l'écriture par des SIGNES DE PONCTUATION.

48. Le repos le plus court est indiqué par la VIRGULE, le

repos le plus prolongé, après un sens complet et achevé, par le POINT. Les repos intermédiaires sont indiqués par le POINT-VIRGULE et par les DEUX-POINTS.

49. Le point ordinaire devient POINT D'INTERROGATION quand on interroge, POINT D'EXCLAMATION, quand on s'écrie ou qu'on exprime un vif sentiment d'étonnement, d'admiration, etc.

50. On met entre PARENTHÈSES les mots étrangers à la phrase principale qui servent à l'expliquer. On met entre GUILLEMETS les citations.

V. **Devoirs par écrit.** — Dicter les phrases suivantes, sans indiquer la ponctuation, que les élèves devront chercher et rétablir.

Pour la virgule. — L'ennui, l'ignorance, le désordre, la misère, sont les suites inévitables de la paresse.

Le chien est caressant, docile, reconnaissant et fidèle.

La mer s'agite, s'apaise, monte, retombe, se précipite ou se retire, sans que la puissance de l'homme y soit pour rien.

Virgule et point-virgule. — Pour exprimer ce que l'on pense, il faut parler et écrire correctement; pour parler et écrire correctement, il faut connaître les règles de l'orthographe et de la grammaire; pour les connaître il faut les étudier avec attention.

Deux points, point et diverses espèces de points. — Notre conscience nous dit : Ne fais pas aux autres ce que tu ne veux pas que les autres te fassent.

Dieu nous a donné cinq sens, savoir : la vue, l'ouïe, l'odorat, le goût et le toucher. A quoi nous sert chacun de ces sens?

Quelle instruction avez-vous acquise jusqu'à présent? Que de connaissances utiles il vous reste encore à acquérir!

Un jour un scribe interrogea Jésus-Christ (il se trouvait alors dans le Temple, où il instruisait le peuple) et lui demanda : « Maître, quel est le premier de tous les Commandements de Dieu? »

Jésus lui répondit :

« Le premier de tous les Commandements est : Vous aimerez le Seigneur, votre Dieu, de toute votre âme, de tout votre esprit, de toute votre force. »

CHAPITRE II

TREIZIÈME LEÇON.

ÉQUIVALENTS DES VOYELLES É ET A.

I. **Récapitulation.** — Combien distingue-t-on d'espèces de lettres? En combien de classes se divisent les voyelles? Quelles sont les voyelles de chaque classe?...

II. **Exposition.** — Examinez avec attention le tableau qui suit :

§ 1er. *é* = *er*, *ez*, *ed*.

		Voyelle.	Équiv.
1.	L'été, la pitié, le péché caché	*é*	
2.	Le cocher, le portier, le poirier, le pêcher		*er*
3.	Il faut *aimer* Dieu, ne pas l'*offenser*		*er*
4.	Vous allez, vous venez; lisez, travaillez		*ez*
5.	Chez vous, assez d'eau, le nez		*ez*
6.	Le pied du trépied, il sied bien	*ed*	

Comparez les mots de la première et de la deuxième ligne. Ne remarquez-vous pas que la dernière syllabe de pit*ié*, fait entendre absolument le même son que celle de port*ier*, bien que dans la première le son *é* soit représenté par un *é* et dans la seconde par *er*. Il en est de même pour les mots de la troisième ligne où le son *é* a encore pour équivalent les lettres *er* (aimer). N'oubliez donc pas que ces lettres *er* se prononcent absolument comme *é* à la fin de certains mots que vous apprendrez bientôt à reconnaître. Tâchez surtout de bien vous souvenir que les lettres *er* qui sont ainsi mises à la place de la voyelle *é* sont appelées les ÉQUIVALENTS de cette voyelle, et qu'on donne en général ce nom d'*équivalents* aux lettres qui sont employées à la place d'autres dont elles jouent le rôle. La voyelle *é* a donc ici pour équivalents *er*, c'est-à-dire que dans certains mots le son *é* est représenté par *er* au lieu de l'être par *é*.

Le maître fait faire les mêmes remarques et donne les mêmes explications sur les mots des trois dernières lignes où *é* se trouve remplacé par *ez*, dans les mots *chez*, *nez*, *restez*, et par *ed* dans *pied*.

Il amène les élèves à résumer ces diverses explications dans les observations suivantes :

Les mots de la première ligne sont terminés par la voyelle *é*.

Dans les mots de la deuxième et de la troisième ligne, cette voyelle *é* est remplacée par les lettres *er*; dans ceux de la quatrième et de la cinquième par *ez*; et dans ceux de la sixième par *ed*.

[Par quels sons finissent les mots de la première ligne? Les mots de la deuxième ligne présentent-ils le même son? Ce son est-il représenté par les mêmes lettres dans les deux lignes du tableau? — Expliquez comment il est représenté dans chaque ligne. — Comment appelle-t-on les lettres qui sont mises ainsi à la place des voyelles ordinaires? Quels sont les équivalents de la voyelle *é*? — A quoi servent les équivalents? Qu'appelle-t-on équivalents?]

§ 2. *a* = *e*

1.		2.	
D*a*me, salade	*a*	F*e*mme, sol*enn*el	*e*
Di*a*mant	*a*	Prud*emm*ent	*e*
Incess*a*mment	*a*	Innoc*emm*ent	*e*

[Quelle est la voyelle soulignée dans les mots de la première colonne?... Comment est-elle écrite dans les mots de la deuxième colonne?... Remarquez-vous de quoi l'*e* muet qui remplace l'*a* est suivi?... Résumez ces observations.]

Le son *a* est représenté par la voyelle ordinaire *a* dans les mots de la première colonne. Dans les mots de la deuxième colonne qui s'écrivent avec un *e* suivi d'un double *m*, *a* a pour équivalent *e*.

La voyelle *a* a-t-elle un équivalent et quel est-il?... Quand est-ce qu'il faut employer l'équivalent *e* à la place de *a*?...

III. **Exercices d'application et d'invention.** — 1° Le maître exerce les élèves à chercher des mots qui présentent l'emploi des divers équivalents de *é* en suivant l'ordre adopté dans ce tableau.

Ainsi il leur fait d'abord chercher des mots terminés en *ier*, comme *prunier*, *cerisier*, *pommier*, *poirier*, *menuisier*, *charpentier*, et les amène à remarquer que ces mots sont tous des noms *d'arbres* ou de *métiers*. Il leur fait tirer parti de cette remarque pour leur faciliter la recherche. Passant aux mots terminés en *er*, pour lesquels ils trouvent encore des noms de métiers, comme *cocher*, *boucher*, *boulanger*, *berger*, et des mots qui indiquent une action (un infinitif), comme *chanter*, *parler*, *marcher*, il les engage à chercher leurs exemples dans ces espèces de mots.

Enfin, il leur fait remarquer que les mots de la 3e ligne qui finissent par *ez* expriment une idée de commandement, ou bien sont toujours précédés du mot *vous* (verbes à la seconde personne)[1]. Il les engage donc à chercher des mots de la même espèce.

Il les amène ainsi à dresser un tableau des exemples demandés dans l'ordre suivant :

Équivalents de é

er. Prunier, cerisier, pommier, noyer et noms d'arbres. — Menuisier, charpentier, jardinier, voiturier, boucher, porcher, boulanger, berger, et noms de profession. — Le verger, le bucher, le rocher, le danger, etc.

ez. Commencez, finissez, cessez, priez, pressez. — Vous lisez, vous écriviez, vous dessinerez, vous oubliez, vous travaillerez, etc.

L'élève après avoir vu ces exemples sera amené naturellement à en chercher d'autres parmi les mots qui ont de l'analogie avec ceux qu'il vient de passer en revue.

Du reste, les études subséquentes familiariseront suffisamment les élèves avec les équivalents. Il serait donc superflu de les y arrêter trop longtemps. On passera également sans insister sur l'équivalent *ed*, très-peu usité.

Équivalents de a.

e suivi de *mm* ou de *nn*. *Solennel*, décemment, récemment, patiemment, conséquemment, insolemment, indolemment.

---

1 Ces termes, qu'il serait hors de propos de vouloir expliquer ici, doivent seulement être indiqués aux élèves comme plus commodes, pour désigner l'espèce de mots dont il s'agit.

2° Reconnaître dans les phrases suivantes les équivalents employés, et en donner la raison s'il y a lieu.

1° Supportez patiemment les maux que vous ne pouvez éviter. 2° Cueillez les fruits des pommiers du verger. 3° On doit se comporter décemment chez les autres. 4° Ne parlez jamais insolemment à personne. 5° Vous avez assez marché pour avoir les pieds fatigués. 6° Le jardinier vient de tailler ses pêchers.

IV. **Questionnaire.** —51. 1° Les voix sont-elles toujours représentées par les mêmes signes ou les mêmes lettres?—52. 2° Qu'est-ce que les équivalents? — 53. 3° Quels sont les équivalents de *é*, et dans quelles circonstances emploie-t-on l'équivalent *er* et l'équivalent *ez*?— 54. 4° Quel est l'équivalent de *a*? Citez quelques exemples de son emploi.

V. **Principes.** —51. 1° Les voix ne sont pas toujours représentées dans l'écriture par les mêmes lettres ou les mêmes caractères. Elles s'écrivent donc de plusieurs manières.

52. 2° Les ÉQUIVALENTS sont les caractères ou les lettres que l'on emploie au lieu de la voyelle ou de la consonne primitive dont elles tiennent la place.

53. 3° E a pour équivalent ER à la fin des noms d'état et des noms d'arbres, et à la fin des infinitifs des verbes, et EZ dans les secondes personnes des verbes au pluriel, et dans quelques autres mots.

54. 4° A a pour équivalent E suivi de deux M ou de deux N : *Solennité, femme, décemment.*

VI. **Devoir par écrit.** — 1° Mettre par écrit les exercices d'application et d'invention.

2° Trouver et écrire : 1° dix mots en *é* s'écrivant avec la voyelle primitive; 2° dix noms de profession ou d'état écrits avec l'équivalent *er*, — dix noms d'arbres, d'arbustes ou de plantes; 3° dix mots indiquant des verbes à l'infinitif; 4° vingt mots indiquant des verbes à la seconde personne du pluriel et prenant l'équivalent *ez*.

1. Bonté, traîné, mêlé, tempéré, trésor, désir, édifice, vérité, marché, été.

2. Vacher, passager, vitrier, officier, bottier, cordier, fermier, meunier, marinier, roulier, armurier.

3. Fraisier, laurier, mûrier, oranger, prunier, citronnier, châtaignier, noisetier, peuplier. — Aimer, aider, demander, cacher, chercher, placer, prêter, travailler, réclamer, tromper

4. Vous admirez, vous assurez, éclairez, déclarez, vous finiriez, vous écrivez, lisez, vous prenez, venez, fuyez, continuez, souvenez-vous, obéissez, contentez-vous, partez, vous recevriez, vous pâlissiez, revenez, abstenez-vous, espérez.

3° Écrire les phrases suivantes en remplissant par la lettre convenable les syllabes dont la voyelle est remplacée par des points. (Les lettres représentées ici en italique sont remplacées par des points dans le livre de l'élève.)

e, *er*, *ez*. 1. Pri*ez* votre offici*er* de vous accord*er* votre cong*é*. 2. Si vous cess*ez* de vous appliqu*er* vous ne fer*ez* plus ass*ez* de progrès. 3. L'amandi*er* et l'abricoti*er* du verg*er* ont *été* sur le point de gel*er* au mois de janvi*er*. 4. La barque du marini*er* est venue *é*chou*er* au pi*ed* du roch*er*.

a, *e*. 5. Comportez-vous déc*e*mment dans les sol*e*nnités de l'église. 6. Les f*e*mmes supportent pati*e*mment les f*a*tigues et les priv*a*tions p*a*r *a*mour pour leurs enfants. 7. Il ne suffit pas toujours d'agir innoc*e*mment, il faut encore agir prud*e*mment. 8. ne réclamez pas impud*e*mment une ind*e*mnité qui ne vous est pas due.

QUATORZIÈME LEÇON.

ÉQUIVALENTS DE È ET DE EU.

I. **Récapitulation.** — A quelle classe de voyelles appartiennent la lettre *è* et les deux lettres réunies *eu?*...

II. **Exposition.**

§ 1er. *è* = *es*, *et*, *ai*, *ei*.

	Voyelle.	Équiv.
1. Pere, mère, collègue, succès	*è*	
2. Les, des, mes, tes, ses, tu es		*es*.
3. Poulet, projet, secret, il est		*et est*.
4. Chaîne, haine, balai, délai		*ai*.
5. Seine, reine, baleine, haleine		*ei*.
6. Bec, bref, amer. lecteur, dette, nacelle		*e*.

Le maître fait lire et prononcer avec soin chaque ligne du tableau. Il fait remarquer successivement :

1° Que dans les mots de la seconde ligne, la voyelle *è* a pour équivalent *es*, et que tous ces mots sont des monosyllabes, d'ou il fait conclure que l'équivalent *es* s'emploie avec les *monosyllabes;*

2° Que dans les mots de la 3e ligne, on emploie l'équivalent *et*, qui se trouve toujours *à la fin du mot;*

3° Que dans les mots de la 4e ligne, l'équivalent *ai* s'emploie soit a la fin, soit au commencement et dans le corps du mot, et que cet équivalent ainsi que le suivant font entendre un son plus ouvert;

4° Que dans les mots de la 6e ligne l'*è* a pour équivalent un *e* muet, formant toujours avec la consonne qui suit une syllabe consonnante, ou bien suivi d'une double consonne. Il fait donc conclure de là, que *e* muet devient l'équivalent de *è* devant une double consonne, ou devant une consonne à laquelle il s'unit pour former une syllabe consonnante.

Par ces diverses explications, il met les élèves dans le cas de formuler les observations suivantes a la suite du tableau :

La voyelle simple È est employée dans les mots de la première ligne. — Dans les mots de la seconde ligne, tous monosyllabes, la voyelle È a pour équivalent ES; *es* est donc l'équivalent de *è* dans les monosyllabes. — È a pour équivalent ET dans les mots de la troisième ligne, où il se trouve toujours à la fin du mot. *È* a donc pour équivalent *et* spécialement à la fin des mots.

Les équivalents AI et EI qui sont employés dans la quatrième et la cinquième ligne se trouvent également au commencement, dans le corps et à la fin des mots. Ils donnent à la voyelle un son un peu plus ouvert.

Dans les mots de la sixième ligne, È a pour équivalent un E muet, mais cet *e* muet est toujours suivi soit d'une double consonne, soit d'une consonne avec laquelle il s'unit pour former une syllabe consonnante.

Quels sont les équivalents de *è?*... Quand faut-il employer l'équivalent *es?*... L'équivalent *et?*... Les équivalents *ai* et *ei?*... L'équivalent *e?*...

§ 2. *eu* = *œu.*

	Voyelle.	Équiv
Europe, feu, neveu, heureux	*eu.*	
Peur, voleur, neuf, veuf.		
Vœu, nœud, œuf, bœuf, cœur		*œu.*

Le maître fait remarquer l'emploi de la voyelle composée *eu* dans les mots de la première ligne et dans ceux de la seconde, où elle forme une syllabe consonnante; il fait observer qu'elle a pour équivalent *œu*, que l'on trouve surtout dans les mots où il forme une syllabe consonnante. Il amène les élèves à formuler ainsi leurs explications :

Les mots de la première ligne présentent la voyelle composée EU.

Les mots de la deuxième ligne la présentent combinée avec une consonne et formant une syllabe consonnante.

Les mots de la troisième ligne présentent l'emploi de l'équivalent œu, surtout dans les syllabes où il est suivi d'une consonne à laquelle il s'unit pour former une syllabe consonnante.

III. **Exercices d'application et d'invention.** — 1° Indiquer les équivalents de *è* et de *œu* dans les phrases suivantes.

1. L'Angleterre est tributaire de la France pour ses approvisionnements. 2. Le département de la Seine-Inférieure lui expédie des fruits et des légumes, des œufs, du beurre, et même des bœufs. 3. Ma sœur a défait le nœud de son lacet à force d'adresse et de patience. 4. La guerre traîne avec elle la disette et la ruine. 5. Faisons des vœux afin qu'elle exerce ailleurs ses fureurs. 6. L'oisiveté et la mollesse perdent les bonnes mœurs. 7. Écartez de votre cœur la haine, les regrets et l'envie, si vous voulez le conserver en paix.

2° Chercher cinq à dix mots présentant l'emploi de *è*; cinq à dix mots présentant l'emploi de l'équivalent *et*; — id. pour les équivalents *ai* et *ei*; — id. pour l'équivalent *e*; — id. pour la voyelle *eu*; — id. pour l'équivalent *œu*.

è. Frère, sévère, modèle, bannière, règle, pièce, mèche.
et Inquiet, complet, collet, fluet, couplet, plumet, lacet, duvet.
ai. Plaine, marraine, vrai, maigre, vinaigre, dizaine, laine, graine, semaine.
ei. Peine, veine, la Seine, baleine, pleine, sereine, verveine.
e. Sec, nef, cep, insecte, échelle, ficelle, charrette.
eu, *œu*. Peu, jeu, bonheur, valeur, seul, sœur, œuvre, mœurs.

IV. **Questionnaire.** — 55. Quels sont les équivalents de *è*? — 56. Quand s'emploie l'équivalent *es*? — 57. Quelle remarque y a-t-il à faire sur l'emploi des équivalents *et*, *ai* et *ei*? — 58. Quand est-ce que l'*e* muet devient l'équivalent de *è*? — 59. Quel est l'équivalent de *eu*?

V. **Principes.**—55. È a pour équivalents ES, ET, EST, AI, EI, E.

56. L'équivalent *es* s'emploie avec les monosyllabes *les*, *des*, *ces*, *mes*, *tes*, *ses*.

57. L'équivalent *et* s'emploie surtout à la fin des mots. Les équivalents *ai* et *ei* se trouvent au commencement, dans le corps des mots et à la fin. Il se prononcent un peu plus ouverts que l'*e* ordinaire.

58. L'*e* muet devient l'équivalent de *è*, quand il est suivi d'une double consonne ou d'une consonne avec laquelle il forme une syllabe consonnante.

59. EU a pour équivalent ŒU, *vœu*, *sœur*.

VI. **Devoirs par écrit.** — 1° Mettre par écrit le premier exercice d'application en soulignant tous les équivalents.

2° Mettre par écrit le deuxième exercice d'application en écrivant dix mots présentant l'exemple de la voyelle *é*, *et*, — *ai* — *ei*, — *e* dans une voyelle consonnante ou suivie de deux consonnes.

3° Remplir les lettres supprimées dans les phrases suivantes où elles sont remplacées par des points.

1° *e*, *et*, *est*, *ai*, *ei*, *e*,—*eu*, *œu*. 1. Cette nouvelle fâch*eu*se *est* malh*eureu*sement cert*ai*ne. 2. Cr*ai*gnez les reptiles dont cette for*ê*t *est* pl*ei*ne. 3. Ne confiez jam*ai*s votre secr*et* à un indiscr*et*. 4. Le c*œu*r qui ne craint que Di*eu*, ne conn*aî*t pas la p*eu*r. 5. Les j*eu*nes b*œu*fs err*ai*ent en liberté dans la pr*ai*rie. 6. Une p*ei*ne cru*e*lle troubl*ai*t le c*œu*r de la r*ei*ne *E*sther. 7. Le pape s*eu*l p*eu*t délier un religi*eu*x de ses v*œu*x. 8. La terre *est* toujours pr*ê*te à payer au labour*eu*r le prix de s*e*s p*ei*nes et de s*e*s su*eu*rs.

QUINZIÈME LEÇON.

ÉQUIVALENTS DE I ET DE O.

I. **Récapitulation.** — A quelle espèce de voyelles appartiennent les lettres *i* et *o*?...

II. **Exposition.** — Prononcez avec attention les mots suivants :

§ 1. *i* = *y*.

	Voyelle	Équiv.
Diminué, ridicule, étourdi, partir	*i*	
Tyran, lyre, cygne, martyr		*y*.
Loyal, paysan, essuyé, *tu voyais*		*y*.
Loi ial, pai isan, essui ié, tu voi iais		*ii*.

M. Comment est représenté le son *i* dans les mots de la première ligne? — *E*. Par la lettre *i*. —*M*. Comment ce son est-il représenté dans les mots de la seconde ligne? — *E*. Par la lettre *y*. — *M*. Cette lettre *y* se prononce-t-elle comme la lettre *i*? — *E*. Elle se prononce absolument de même. — *M*. Vous voyez donc que dans certains mots la lettre *y* est employée à la place de la lettre *i*. *Y* est donc un équivalent de *i*.

La lettre *y* a-t-elle la même valeur dans les mots de la troisième ligne. Pour le savoir, prononcez ces mots avec attention en les partageant en syllabes. Vous voyez que vous prononcez *loi ial* en deux syllabes, *pai i san* en trois, et que l'*y* tient la place de deux *i*. Il faut remarquer que dans tous ces mots l'*y* est précédé d'une voyelle. Vous pouvez donc conclure que dans les mots où la lettre *y* est précédée d'une voyelle, elle équivaut à deux *i*; le premier se joint à la voyelle qui précède, le second à la voyelle qui suit, ou bien il forme à lui seul une syllabe comme dans *paysan* (*pai i san*).

Y est donc quelquefois l'équivalent de *i*, et quand il est précédé d'une voyelle, il est l'équivalent de deux *i*.

Résumez ces diverses explications.

[Le son I est représenté par un *i* dans les mots de la première ligne et par un Y dans les mots de la seconde. La lettre *i* a donc pour équivalent *y* dans certains mots.

Dans les mots de la troisième ligne où l'*y* est toujours précédé d'une voyelle, cette lettre se prononce et fait syllaber comme s'il y avait deux *i* dans le mot. On peut donc conclure que la lettre *y*, qui est quelquefois l'équivalent de *i*, équivaut à deux *i* quand elle est immédiatement précédée d'une voyelle.]

§ 2. *o* = *au*, *eau*.

	Voy.	Equiv.
Obole, Cologne, solo, loto	*o*.	
Auteur, faute, paume, Paul		*au*.
Bateau, cadeau, rideau, peau		*eau*.

Le maître fait lire et prononcer chaque ligne avec attention. Il amène les élèves à remarquer que le son *o* est représenté dans les mots de la première ligne par *o*, dans ceux de la seconde par *au*, et dans ceux de la troisième par *eau*. Il leur fait remarquer que le dernier équivalent se trouve surtout à la fin des mots, tandis que l'equivalent *au* se trouve au commencement ou au milieu. Il leur fait ainsi conclure que la lettre *o* a, ordinairement, pour équivalents *au* au commencement et dans le corps du mot, et *eau* à la fin. Il leur fait aussi remarquer que les équivalents *au* et *eau* ont le son plus ouvert ou plus grave que *o* et que leur prononciation les rapproche de l'*ô*, surmonté d'un accent circonflexe. Il fait resumer ces diverses explications comme il suit :

[Le son *o* s'écrit par *o* dans les mots de la première ligne, par *au* dans les mots de la seconde, où il se trouve seulement au commencement ou dans le corps du mot, et par *eau* dans ceux de la troisième où il est toujours final.

Le son *o* a donc pour équivalent *au* au commencement et dans le corps du mot, et *eau* à la fin.]

III. **Exercices d'application et d'invention.** — 1° Chercher et écrire premièrement des mots qui s'écrivent par *i* et par *y*; deuxièmement des mots qui s'écrivent par *o*, par *au* et par *eau*; troisièmement des mots où l'*y* soit l'équivalent de deux *i*.

1. Docile, ami, timide, petit, infini, péril, canif, juif, tilleul, difficile, soupir, repentir, symbole, thym, hymne, lyre, pyramide, martyre, tympan.
2. Globe, ortie, copie, clôture, école, pioche, coffre, fosse, brosse, côte, rosée, loger; — aumône, auteur, mauvais, autour, tuyau, étau, artichaut, faux, naufrage, audace, anneau, marteau, morceau, cadeau, gâteau, oiseau, coteau, bateau, tonneau.
3. Pays, bruyère, royaume, balayer, rayer ployer, moyen, soyeux, bruyant, loyauté, tu croyais, il rayait son cahier.

2° Remplacer par un *i* ou par un *y* la lettre indiquée par des points dans les mots suivants :

Ph*y*s*i*que, ph*y*s*i*c*i*en, ph*y*s*i*onom*i*e, m*y*stère, m*y*st*i*que, m*y*sté-r*i*eux, m*y*tholog*i*e, no*y*er, bo*y*au, pa*y*sage, vo*y*elle, flambo*y*er, pa*y*er, pil*i*er, sc*i*er, st*y*le, s*y*llabe, v*i*lle, lo*y*al, netto*y*er.

3° Remplacer par un *o* ou par les équivalents *au*, *eau*, les lettres indiquées par des points dans les mots suivants :

R*o*se, c*au*se, ruiss*eau*, d*o*rer, rep*o*ser, f*au*te, r*o*be, fr*au*de, c*ô*t*o*yer, fol*i*ole, p*o*ste, ch*o*se, p*au*se, c*au*serie, l*o*ger, chap*eau*, encl*o*s, sab*o*t, ch*au*d, c*ô*te, f*au*teuil, prun*eau*, s*o*ldat, ch*au*dron.

IV. **Questionnaire.** — 60. Quel est l'équivalent de *i?* — 61. Dans quel cas l'*y* équivaut-il à deux *i?* — 62. Quels sont les équivalents de *o?* — 63. Quand emploie-t-on généralement l'équivalent *au*, et l'équivalent *eau?*

V. **Principes.** — 60. I a pour équivalent Y, qui est employé surtout dans les mots tirés du grec.

61. Lorsque l'*y* est précédé d'une voyelle il équivaut à deux *i*.

62. O a pour équivalents AU et EAU.

63. L'équivalent *eau* se trouve d'ordinaire à la fin des mots, tandis que l'équivalent *au* se trouve plus souvent au commencement ou dans le corps du mot.

VI. **Devoir par écrit.** — 1° Mettre par écrit les exercices d'application et d'invention.

2° Écrire les phrases suivantes en remplaçant par les voyelles indiquées en tête de chaque paragraphe les points qui tiennent lieu de la lettre omise.

i — y. Moïse dél*i*vra les *I*sraél*i*tes de la t*y*rann*i*e des Ég*y*pt*i*ens. — 2. Quand on médite une entrepr*i*se juste, *i*l ne faut pas *y* emplo*y*er de mo*y*ens délo*y*aux. — 3. La chen*i*lle devient chr*y*sal*i*de, et la chr*y*sal*i*de pap*i*llon.

o, au, eau. 4. L'*o*rdre et la propreté font l'*o*rnement de cette p*au*vre ch*au*mière. — J'ai vu dans la ferme du chât*eau*, un rât*eau*, un hoy*au*, un tomber*eau* et bien d'*au*tres ch*o*ses qui servent *au*x trav*au*x des champs.

i — y, o — au, eau. 6. L'h*y*pocr*i*te dégu*i*se ses v*i*ces sous le mant*eau* de la f*au*sse dév*o*tion. — 7. Les vo*y*elles s'un*i*ssent *au*x consonnes pour *f*ormer les s*y*llabes. — 8. un vo*y*ageur a b*eau* vi*s*iter des *s*ites nouv*eaux*, et des *c*ités magni*fi*ques, *i*l revient toujours avec plais*ir* dans son pa*y*s quelque p*au*vre qu'*i*l soit.

SEIZIÈME LEÇON.

ÉQUIVALENTS DE AN, DE ON, DE UN.

I. **Récapitulation.** — A quelle espèce de voyelles appartiennent *an, on, un?*... Pourquoi les appelle-t-on voyelles nasales?...

De quelles voyelles simples sont-elles formées?...

II. **Exposition.**

§ 1er. *an = am, en, em.*

	Voy.	Équiv.
1. Antre, danse, chante, cantique	*an.*	
2. Chambre, tambour, lampe, hampe.		*am.*
3. Vente, talent, rendre, entre		*en.*
4. Embarras, temple, emmener		*em.*

Le maître fait lire avec soin chaque ligne en engageant les élèves à observer comment chaque voyelle est écrite. Il les amène à remarquer, 1° que le son *an* est représenté par les caractères ordinaires dans les mots de la première ligne, et qu'il a pour équivalent *am* dans les mots de la seconde où il est toujours suivi d'un *b* ou d'un *p*, 2° qu'il a pour équivalent *en* dans les mots de la troisième; 3° qu'il a pour équivalent *em* dans les mots de la quatrième, où il est suivi d'un *b* et d'un *p*, comme dans la seconde ligne, et aussi d'un *m*. En rapprochant ces deux remarques sur l'emploi de *am* et de *em*, il leur fait déduire le principe que *la voyelle nasale* an *a toujours pour équivalents* am *ou* em, *quand elle est suivie d'un* b, *d'un* p *et même d'un* m. Il exerce les élèves à formuler ainsi ces observations d'après le tableau.

[La première ligne présente l'emploi de la voyelle nasale AN.

Dans les mots de la seconde ligne où la voyelle nasale est toujours suivie d'un B ou d'un P, elle est remplacée par l'équivalent AM.

La troisième ligne présente l'emploi de l'équivalent EN.

Il en est de même dans la quatrième ligne, où AN a pour équivalent EM, devant les consonnes B, P et M, ce qui amène à conclure que devant un *b*, un *p* ou un *m*, la voyelle nasale *an* est remplacée par les équivalents *am* ou *em*.]

§ 2. *on*, *om* = *un*, *um*.

	Voy.	Équiv.
1. Onde, sonde, tondu, bouton	*on*	
2. Ombre, sombre, pompe, nom		*om*.
1. Un, alun, lundi, défunt	*un*	
2. Humble, parfum		*um*.

Le maître en suivant la même marche que précédemment amène les élèves à formuler les observations suivantes :

[La voyelle nasale ON, qui se trouve dans les mots de la première ligne, est remplacée par l'équivalent OM dans les mots de la seconde où elle est toujours suivie d'un B ou d'un P.

Il en est de même pour la voyelle nasale UN qui est remplacée par l'équivalent UM dans les mots de la deuxième ligne.]

III. **Exercices d'application et d'invention.** — 1° Indiquer dans les phrases suivantes tous les équivalents employés en expliquant la raison de cet emploi quand il y en a une.

1. A la fin du printemps, le parfum des fleurs embaume la campagne. — 2. Le tambour empêcha d'entendre les paroles du condamné. — 3. La lueur tremblante de la lampe suspendue à la voûte du temple perce à peine l'ombre profonde. — 4. Il convient à un enfant d'éviter la compagnie du méchant et du menteur. — 5. L'humble villageois est exempt des soucis et des ennuis qui rongent les ambitieux. — 6. Un grand nombre de combattants succombèrent sur le champ de bataille.

2° Chercher dix à quinze mots où soit employée la voyelle nasale *an*; de même pour les équivalents *am*, *en* et *em*; pour la voyelle *on* et son équivalent *om*.

An. — Planter, répandre, manteau, ouragan, blanchir, canton, enfant, plancher, tranche, branche, balance, les ans, ange.

am. Crampe, pampre, ramper, bambin, lambeau, camper, framboise, jambe, champêtre, tampon, amphibie, amphore.
en. Tendre, entraille, vent, cendre, lenteur, mentir, détente, prendre, rente, sentence, encensoir, entente.
em. Tempête, embrasser, emmancher, ressembler, contemplation, assemblée, tremper, membre, trembler, semblable.
on. Oncle, ronde, bonté, volonté, pardon, jonc, longuement, fondre, pondre, réponse, tentation, contentement.
om. Bombe, tromper, colombe, triomphe, nombre, rompre, prompt, plomb, tomber, ombrelle, composition, dompter.

IV. **Questionnaire.** — 64. Quels sont les équivalents de *an*? — 65. Quand faut-il employer les équivalents *am* et *em*? — 66. Quel est l'équivalent de *on* et dans quel cas l'emploie-t-on? — 67. Quel est l'équivalent de *un*?

V. **Principes.** — 64. Les équivalents de AN sont EN, AM et EM.

65. On emploie les équivalents AM et EM toutes les fois que la voyelle nasale AN ou EN est suivie d'un B, d'un P ou d'un M.

66. ON a pour équivalent OM, qui s'emploie lorsque la consonne qui suit est un B ou un P.

67. La voyelle nasale UN a pour équivalent UM, mais dans un petit nombre de mots.

VI. **Devoir par écrit.** — 1° Mettre par écrit le premier exercice d'application en soulignant les équivalents et en indiquant la règle pour laquelle ils ont été employés, quand il y en a une.

2° Mettre par écrit le deuxième exercice d'application.

3° Rétablir dans les phrases suivantes les voyelles et les équivalents qui sont remplacés par des points. Signaler, en les soulignant, les équivalents des voyelles déjà étudiées.

1. L'homme prud*en*t règle avec prévoy*an*ce l'*em*ploi de son t*em*ps. — 2. La distributi*on* des réc*om*p*en*ses aux *en*f*an*ts dilig*en*ts aura lieu avec p*om*pe, dev*an*t une n*om*breuse réuni*on*. — 3. Ne vous r*en*dez jamais c*om*plice des fautes d'*un* méch*an*t c*om*pagn*on*. — 4. Dieu regarde avec c*om*plais*an*ce les cœurs h*um*bles et c*om*patiss*an*ts. — 5. L'ignorance expose à la h*on*te ; la sci*en*ce c*on*duit à la c*on*sidérati*on*. — 6. C*on*t*em*plez avec admirati*on* la magnific*en*ce des cieux, et les beautés d*on*t Dieu pare tous les

ans la *cam*pagne. — 7. *Ent*e*n*dez les ch*an*ts de tri*om*phe qui re-*ten*tissent d*ans* les *tem*ples, et qui ann*on*cent la résurrecti*on* du Sauveur.

DIX-SEPTIÈME LEÇON.

ÉQUIVALENTS DE IN.

I. **Récapitulation.** — A quelle espèce de voyelles appartient *in?*... De quoi est formée la voyelle nasale *in?*... Quel est l'équivalent de la voyelle simple *i?*...

II. **Exposition.**

in = *im*, *yn*, *ym*, *ain*, *ein*, *en*.

	Voyelle	Équiv.
1. Inde, fin, dindon, dessin	*in.*	
2. Imbu, limbe, simple, impur		*im.*
3. Lynx, syndic, syntaxe, syncope		*yn.*
4. Symbole, tympan, nymphe, thym		*ym.*
5. Main, sainte, airain, nain [1]		*ain.*
6. Frein, peintre, ceinture, sein		*ein.*
7. Moyen, chrétien, vendéen, chien		*en.*

Le maître fait lire avec soin chaque ligne en engageant les élèves à porter leur attention sur la manière dont la voyelle nasale *in* se trouve écrite dans chaque exemple.

Il leur fait remarquer que *in* a pour équivalent *im* devant les consonnes *b*, *p*, *m*, ainsi que cela a déjà eu lieu pour les autres voyelles nasales, *an*, *on*, *un*. Il leur rappelle, à l'occasion des équivalents *yn* et *ym* de la 3e et de la 4e ligne, qu'ils ont déjà vu l'*y* figurer comme équivalent de *i*. Il leur fait remarquer que les équivalents *ain*, *ein* s'emploient également au commencement et à la fin des mots, tandis que l'équivalent *en* ne s'emploie que lorsqu'il est précédé de voyelles *i* ou *y*. Il les exerce à formuler ainsi leurs observations sur le tableau.

[La voyelle nasale IN employée dans les mots de la première ligne, a pour équivalent IM employé dans les mots de la seconde, YN employé dans les mots de la troisième, et YM employé dans mots de la quatrième.

---

1. On trouve quelquefois l'équivalent *aim*. *Daim*, *faim*, *essaim*.

Les équivalents *im* et *ym* sont toujours employés quand ils sont immédiatement suivis d'un *b*, d'un *p* ou d'un *m*.

Les équivalents AIN et EIN des cinquième et sixième lignes se placent également au commencement, au milieu ou à la fin des mots.

L'équivalent EN qui se trouve dans les mots de la septième ligne y est toujours précédé d'un *i*, d'un *y* ou parfois d'un *é*.

III. **Exercices d'application et d'invention.** — 1° Indiquer les équivalents dans les phrases suivantes et expliquer la raison de leur emploi quand il y en a une.

1° L'*im*pati*en*ce et l'*em*portem*en*t indiquent une âme *im*puissante à se maîtriser. — 2° Le lapin, quand il a f*aim*, vi*en*t pr*en*dre dans la m*ain* les feuilles de th*ym* et de serpolet. — 3° Le s*ym*bole des apôtres est la règle de foi des chréti*ens*. — 4° Il ne faut pas être trop *in*cert*ain* *en* ses dess*eins*. — 5° Les néophytes évitaient la co*m*pagnie des *im*pies et des païe*ns*. — 6° Mettez un fr*ein* à l'*im*pati*en*ce de vos désirs et à l'*im*prud*en*ce de vos discours. — 7° Co*m*bi*en* un épi pl*ein* conti*en*t-il de gr*ains*?

2° Chercher et écrire dix mots s'écrivant par *in*; idem par *im*; id. par *yn* ou par *ym*; id. par *ain*; id. par *ein*; id. par *en*.

in. Insoumis, intention, crin, fin, pincer, sincère, inclination, brin, marin, mince.

im. Imparfait, simplicité, grimper, timbre, nimbe, imbriqué, imprimer, pimpant, guimpe.

yn, ym. Synthèse, tymbale, Olympe, corymbe, tympanon, lymphatique.

ain. Sain, pain, bain, parrain, grain, demain, humain, terrain, étain, prochain.

ein. Plein, enceindre, dessein, teindre, peinture, les reins, feindre, éteindre, atteinte, empreinte.

en. Musicien, bien, maintien, nazaréen, le sien, entretien, païen, chaldéen.

IV. **Questionnaire.** — 68. Quels sont les équivalents de *in*? — 69. Quand faut-il employer les équivalents *im* et *ym*? — 70. Dans quelle circonstance *en* devient-il l'équivalent de *in*?

V. **Principes.** — 68. La voyelle nasale IN a pour équivalents IM, YN, YM, AIN, EIN et EN.

69. On emploie les équivalents *im* et *ym* lorsque ces voyelles sont suivies d'un *b*, d'un *p* ou d'un *m*.

70. EN devient équivalent de *in*, lorsqu'il est précédé d'un *i*, d'un *y* ou d'un *é*.

VI. **Devoir par écrit.** — 1° Mettre par écrit le premier exercice d'application et d'invention en soulignant les équivalents, et en indiquant la raison pour laquelle ils sont employés.

2° Mettre par écrit le second exercice.

3° Souligner les divers équivalents qui existent dans les mots suivants, et donner la raison de leur emploi.

Vi*en*s, v*ain*cre, m*ain*tenir, le si*en*, t*ein*ture, s*ain*teté, *im*portant, ess*aim*, ri*en*, contr*ain*dre, s*ein*g, li*en*, s*yn*dicat, s*ym*bolique, s*ym*ptôme, s*ym*phonie, europé*en*, galilé*en*, *im*bibé, *im*poli, vendé*en*, enc*ein*te, pl*ain*te.

Rétablir les lettres remplacées par des points dans les phrases suivantes :

1° Le cœur de l'*im*pie est pl*ein* d'*in*justice et d'*im*prud*en*ce. 2° Cette p*ein*ture représ*en*te une n*ym*phe sortant du b*ain*. 3° Un vase conserve toujours le parf*um* de la liqueur dont il a l*on*gt*em*ps été *im*bu. 4° Un chréti*en* s*in*cère éprouve une vive s*ym*pathie pour les pauvres et les *in*fortunés. 5. Il faut être s*im*ple s*an*s néglig*en*ce, fr*anc* s*an*s *im*politesse, pr*om*pt sans *em*portem*en*t, et sans *im*patience.

DIX-HUITIÈME LEÇON.

ÉQUIVALENTS DES CONSONNES. — ÉQUIVALENTS DE C.

I. **Récapitulation.** — Combien distingue-t-on d'espèces de consonnes ?... A quelle espèce appartient la consonne *c* ?...

II. **Exposition.**

c = qu, k, ch.

		Cons.	Equiv.
1.	Canon, conte, cocon, écoute. Curé, chacun, chacune, cuve	*c.*	
2.	Pique, plaqué, quête, question. Quitter, quinze, éloquence, liqueur		*qu.*
3.	Quatre, je piquai, tu piquas, il piqua. Nous marquons, vous marquâtes, ils marquaient		*qu.*
4.	Kilo, moka, kiosque, Pékin		*k.*
5.	Chanaan, lichen, orchestre, Zurich		*ch.*

M. Lisez et prononcez avec attention chaque ligne, en remarquant comment chaque articulation y est représentée. — Comment s'écrit l'articulation *c* dans le n° 1? — *E.* Par le caractère ou la consonne simple *c.* — *M.* Comment s'écrit-elle dans le n° 2? — *E.* Par la consonne composée *qu*, qui devient ainsi l'équivalent de *c.* — *M.* Avez-vous pris garde aux voyelles qui suivent l'articulation *c* dans chaque numéro? Faites-y attention. — *E.* Dans les mots du n° 1, l'articulation est suivie d'un *a*, d'un *o* ou d'un *u*, et l'on emploie la consonne simple *c*.

Dans les mots du n° 2, l'articulation est suivie au contraire d'un *e* ou d'un *i*, et l'on emploie l'équivalent *qu.* — *M.* Quelle conséquence pouvez-vous en tirer? — *E.* Que l'on emploie l'équivalent *qu* devant les voyelles *e* et *i* et celles qui en sont formées, *eu, en, in*, tandis qu'on emploie la consonne simple *c* devant les voyelles *a, o, u* et celles qui en sont formées, comme *an, on, ou, un*, etc. — *M.* Lisez les mots du n° 3. Comment l'articulation *c* y est-elle écrite? — *E.* Par l'équivalent *qu.* — *M.* De quelles lettres est suivi cet équivalent? — *E.* Des lettres *a* et *o.* — *M.* Vous voyez donc ici qu'on peut aussi employer l'équivalent *qu* devant *a* et *o*. Pour savoir quand il faut le faire, voyez ce qu'il y a devant les mots où l'équivalent *qu* est employé. — *E.* Il y a les petits mots *je, tu, il, nous, vous, ils.* — *M.* Tâchez de retenir cette observation, afin qu'elle vous aide à distinguer quand il faudra employer l'équivalent *qu* devant *a* et *o*[1].

1. Il serait hors de propos de parler ici aux eleves de verbes et de

M. Lisez maintenant les mots du nº 4. Comment y est écrite l'articulation *c?* — *E.* Par un nouvel équivalent *k.*— *M.* Il faut remarquer que cet équivalent qui est suivi soit des voyelles *e, i,* soit des voyelles *a, o, u,* est peu usité et ne s'emploie que dans quelques mots tirés des langues étrangères. Ne trouvez-vous pas un nouvel équivalent dans les mots du nº 5 ? — *E.* Oui. L'articulation *c* est représentée dans ces mots par la consonne composée *ch.*—*M.* Avez-vous déjà vu cette lettre, et conserve-t-elle ici la valeur que vous lui connaissiez ? —*E.* Nous avons déjà vu cette lettre parmi les consonnes composées *ch, gn, ill.* Elle est composée d'un *c* et d'un *h,* et représente l'articulation *ch* comme dans *mouche, char* ; ici au contraire elle est l'équivalent soit de *c* devant *a, o, u,* soit de *qu* devant *e, i.* — *M.* Cet équivalent comme le précédent est peu fréquent, et ne se trouve aussi que dans quelques mots étrangers.

Récapitulons ces diverses observations.

[Dans les mots du nº 1, l'articulation c est toujours suivie d'une des voyelles A, O, U, ou de celles qui en sont formées, comme AU, AN, OU, ON, UN, etc. Elle s'écrit par la consonne *c.*

Dans les mots du nº 2 où l'articulation est suivie d'une des voyelles E, I, ou de celles qui en sont formées, EU, EN, IN, le *c* est remplacé par l'équivalent QU. Cependant l'équivalent *qu* s'emploie aussi quelquefois devant *a* et *o,* et particulièrement dans les mots précédés des petits mots *je, tu, il, nous, vous, ils.*

Dans les mots du nº 4, le c a pour équivalent une nouvelle consonne K qui ne se trouve que dans un petit nombre de mots tirés des langues étrangères.

Les mots du nº 5 présentent comme équivalent de c la consonne composée CH qui prend ici une valeur différente

---

temps. Plus tard, quand ils auront appris a distinguer les espèces de mots, les regles sur l'emploi des équivalents seront formulées avec plus de précision et de détails. Jusque-là il suffit de quelques indications générales corroborées par l'usage et par les analogies que l'esprit des enfants est toujours prompt à saisir.

de sa valeur primitive et équivaut à c devant A, O, U, ou à QU devant E, I. Ce dernier équivalent ne se trouve aussi que dans un certain nombre de mots tirés des langues étrangères.]

III. **Exercices d'application et d'invention.** — 1° Indiquer dans les phrases suivantes les équivalents de *c* et ceux des diverses voyelles, en expliquant les raisons pour lesquelles ils sont employés.

1. *Qu*el triste spectacle *qu*'un frère *qu*i atta*qu*e son frère! — 2. Un caractère mo*qu*eur provo*qu*e les *qu*erelles. — 3. *Qu*inze *k*ilomètres é*qu*ivalent à près de *qu*atre lieues. — 4. Le café de meilleur *qu*alité est celui *qu*'on tire de Moka. — 5. Le coton fabri*qu*é à Nan*k*in est d'une couleur solide. — 6. L'Améri*qu*e a été découverte par *Ch*ristophe Colo*mb*. — 7. La ville de Zuri*ch* est la capitale d'un canton de la Suisse. — 8. Je conn*ais* l'*ai*r du canti*qu*e *qu*e vous chantez. — 9. Jéri*ch*o ét*ai*t une ville du pays de *Ch*anaan. — *En* remar*qu*ant *qu*e *qu*arante é*qu*ivaut à *qu*atre fois dix, vous vous rendrez mieux co*m*pte de la valeur de ce chiffre. — 11. Si nous atta*qu*ons les *au*tres par des mots pi*qu*ants, ils nous pi*qu*eront à leur tour. — 12. Tu te mo*qu*ais de ton frere, et il se mo*qu*a de toi.

Le maître a soin de faire remarquer l'emploi de *qu* dans les mots *quatre*, *quarante*, et dans ceux ou il précède les voyelles *a* et *o*, en rappelant aux élèves l'observation faite plus haut sur les petits mots dont ils sont précédés.

2° Trouver dix à quinze mots qui présentent l'emploi de *c*, dix à quinze qui présentent l'emploi de chacun des équivalents *qu* devant *e*, *i*; — *qu* devant *a*, *o*; — *k*; — *ch*.

c. Canton, cordon, coup, cocher, volcan, cadran, occuper, coquelicot, cousin, accuser, école.

qu. Coque, béquille. braquer, brique, croquer, perroquet, craquer, barque, paquet, risquer.

qu. Je choquai, tu choquas, il choqua, nous choquons, vous choquâtes, il choquaient; je marquai, tu marquas, il marqua; nous marquons, vous marquâtes, ils marquaient.

k. Kermès, kyrielle, knout, kilogramme, Astrakan, le kirsch, nankin, kaolin, le kan, les kabiles.

ch. Choléra, chlore, chrysalide, archange, archonte, christ, chrétien, catéchumène, synchronisme, chronologie.

V. **Questionnaire**. — 71. Quels sont les équivalents de *c*? — 72. Quand faut-il substituer l'équivalent *que*, à la consonne simple *e*. — 73. Dansquels mots s'emploient surtout les équivalents *k* et *ch*? — 74. Ce dernier équivalent n'a-t-il pas d'ordinaire une autre valeur?

V. **Principes**. — 71. C a pour équivalents QU, K et CH.

72. On emploie C devant les voyelles A, O, U, et devant les voyelles composées qui en sont formées, telles que AU, AN, ON, OM, UN, UM. On emploie QU devant E, I, Y, et les voyelles composées qui en sont formées, telles que EU, EN, EM, IN, IM, YN, YM.

73. On emploie les équivalents K et CH dans un certain nombre de mots tirés des langues étrangères.

74. L'équivalent CH a une valeur différente de la consonne composée CH et équivaut à C devant A, O, U, et à QU devant E, I.

VI. **Devoir par écrit**. — 1° Mettre par écrit le n° 1 des exercices d'application avec la notation des équivalents, par les signes convenus.

2° Mettre par écrit l'exercice n° 2.

3° Compléter dans les phrases suivantes les mots où la suppression de la lettre qui manque est indiquée par des points.

1. Le *c*o*qu*in *qu*i a escro*qu*é l'é*c*u du *c*ultivateur a été *c*ondamné à *qu*inze jours de prison. — 2. La *c*o*qu*e de l'es*qu*if est *c*onstruite en chêne. — 3. L'é*ch*o répète les airs *qu*e joue l'or*ch*estre. — 4. L'ar*ch*ange Michel a vain*c*u Satan. — 5. La ville de *C*openhague est la *c*apitale du Danemar*k*. — 6. Le *k*irsch est une li*qu*eur fabri*qu*ée ave*c* le fruit du cerisier. — 6. Les *c*até*ch*umènes sont ceux *qu*e l'on prépare à devenir *ch*rétiens. — 7. Celui *qu*i *c*ache la vérité se rend *c*oupable de mensonge. — 9. Louis *qu*atorze a été l'un des rois les plus remar*qu*ables de la France. — 10. Je bra*qu*ai, tu bra*qu*as, il bra*qu*a, nous bra*qu*ons, nous bra*qu*âmes, vous bra*qu*ez, vous bra*qu*âtes, ils bra*qu*aient, ils bra*qu*èrent. — 11. Je confis*qu*ai, tu confis*qu*as, ils confis*qu*a, nous confis*qu*âmes, nous confis*qu*ons, vous confis*qu*âtes, vous confis*qu*ez, ils confis*qu*aient, ils confis*qu*èrent.

DIX-NEUVIÈME LEÇON.

ÉQUIVALENTS DES CONSONNES G, J.

I. **Récapitulation.** — A quelle espèce de consonnes appartient la lettre *g?*... la lettre *j?*... la lettre *f?*... la consonne composée *ill?*...

II. **Exposition.**

§ 1er. *g* = *gu*.

	Cons.	Équiv.
1. Garde, gomme, goutte, exigu	*g*	
2. Guerre, guide, guindé, gueux		*gu.*
3. Je voguais, tu voguas, il vogua		*gu.*

Le maître fait lire avec attention les mots des deux premières lignes, en demandant compte de la manière dont l'articulation *g* est écrite dans chaque mot.

Il fait remarquer que dans la 1re ligne où l'on trouve la consonne simple *g*, cette consonne est toujours suivie d'un *a*, d'un o, d'un *u*, ou d'une voyelle composée formée de ces voyelles simples, tandis que dans les mots de la 2e ligne où le *g* est remplacé par l'equivalent *gu*, cet équivalent est toujours suivi des voyelles simples *e*, *i* et *y*, ou des voyelles composées qui en sont formées, *eu*, *en*, *em*, *in*, *yn*, *im*, *ym*.

Il en fait conclure le principe que *g*, qui s'emploie devant *a*, *o*, *u*, a pour équivalent *gu* devant *e*, *i*.

Puis il fait lire les mots du no 3 en faisant remarquer aux élèves que l'articulation *g* est écrite par l'équivalent *gu*, bien qu'elle soit suivie d'un *a* ou d'un *o*. Il leur fait remarquer comme dans la leçon precédente, à l'occasion de l'équivalent *qu*, que les mots, dans lesquels l'équivalent *gu* suivi de *a* ou *o* est employé, sont précédés des petits mots, *je*, *tu*, *il*, *nous*, *vous*, *ils*. Il amène ainsi les élèves à conclure que l'articulation *g* est toujours représentée par l'équivalent *gu* devant *e* et *i*, et que cet équivalent s'emploie même dans certaines circonstances devant *a* et *o*.

Quel est l'équivalent de l'articulation *g?* Quel équivalent prend-il devant *e* et *i?* L'équivalent *gu* ne s'emploie-t-il jamais devant *a* et *o?*

Résumons ces observations :

§ I. Les mots du no 1 où G est suivi des voyelles A, O, U, sont écrits avec la consonne simple G.

Les mots du no 2 où l'articulation G est suivie des voyelles E et I, sont écrits avec l'équivalent GU.

Les mots du n° 3 où l'articulation est suivie d'un A ou d'un O, sont écrits avec l'équivalent GU.

Ainsi on emploie *g* simple devant *a, o, u,* et les syllabes composées qui en sont formées, *au, an, ou, on, om, un, um,* et on emploie l'équivalent *gu* devant *e, i, y,* et les syllabes composées qui en sont formées, *eu, en, in, yn,* etc. Cependant *g* s'emploie même devant *a* et *o* dans certaines circonstances.

§ 2. *j = g — ge.*

	Cons. Equiv.
1. Jargon, jamais, joujou, jujube	*j.*
2. Genou, génie, givre, engin	*g.*
3. Geôle, pigeon, gageure	*ge.*
4. Je mange, tu manges, nous mangeons, vous mangez	
Je mangeais, tu mangeais, il mangea.	
Nous mangions, vous mangiez, ils mangeaient.	

Le maître fait remarquer que dans les mots de la 1re ligne écrits par *j*, cette consonne est toujours suivie d'un *a*, d'un *o* ou d'un *u*, ou des voyelles composées qui en sont formées; que dans les mots de la seconde ligne écrits par l'équivalent *g*, cette consonne est toujours suivie d'un *e*, d'un *i*, ou des voyelles composées qui en sont formées; que dans les mots du n° 3 écrits par l'équivalent *ge*, cet équivalent est toujours suivi de *a*, de *o* ou de *u*, et que dans les mots du n° 4, on emploie *g* ou *ge*, selon qu'il est suivi de *e* ou de *i*, de *a* ou de *o*.

Il en fait donc conclure que *j* a pour équivalent *g* devant *e*, *i*, et les voyelles composées qui en sont formées, et *ge* devant *a, o, u*.

Il fait résumer toutes les explications par les observations suivantes :

§ II. Les mots de la première ligne sont écrits par J, toujours suivi d'une des voyelles A, O, U, ou de ses composés.

Les mots de la seconde ligne sont écrits par l'équivalent G, toujours suivi de l'une des voyelles E, I, Y, ou de ses composés.

Les mots de la troisième ligne sont écrits par l'équivalent GE, toujours suivi de l'une des voyelles A, O, U ou de ses composés.

Les mots du n° 4 sont écrits par G ou par GE, selon la voyelle dont ils sont suivis.

Ainsi on emploie l'équivalent *g* devant *e*, *i* [1], et l'équivalent *ge* devant chacune des voylles *a*, *o*, *u* et ses composés.

III. **Exercices d'application et d'invention.** — 1° Signaler les divers équivalents dans les mots des phrases suivantes et expliquer la raison de leur emploi.

1. Nous distin*gu*ons le dra*g*on *qu*i monte la *g*arde devant la *gu*érite. — 2. *G*oûte la fi*gue* *que* *j'ai* *g*ardée pour toi. — 3. Le *g*ondolier *gu*ide sur le *g*olfe l'élé*g*ante galere. — 4. Il éla*gue*, tu éla*guais*. Le *j*ardinier éla*gua*, nous éla*gu*ons, vous éla*gu*iez. Les bûcherons éla*guai*ent les branches des chênes. — 5. Il faut *g*arantir du *g*ivre et des *g*elées les *j*eunes bour*ge*ons. — 6. Le *g*énéral a *g*agné les louan*g*es de ses ennemis par sa *g*énérosité. — 7. *J*e me suis dé*g*a*g*é de la *ge*eure que *j'avais* tenue au *j*eu. — 8. Qu'il fut un *gu*ide sa*g*e, l'an*g*e conducteur du *j*eune Tobie ! — 9. Il *j*ouit à son retour de la *j*oie et de la re*c*onn*ai*ssance de la famille de son *com*pagnon de vo*y*a*g*e. — 10. Une *j*olie lecture abré*g*era la lon*gu*eur de la *j*ournée.

2° Compléter les mots des phrases suivantes en rétablissant la lettre dont la suppression est indiquée par des points.

g, *gu*. 1. Ces fleurs lan*gu*issantes se fanent sur leurs ti*g*es. — 2. Les soins que nous leur prodi*gu*ons ne peuvent leur rendre leur vi*gu*eur. — 3. La main a*g*ile de l'or*g*aniste a parcouru toute la *g*amme de l'or*gue*. — 4. Les navi*g*ateurs qui vo*gu*ent sur une bar*que* dont la co*que* est *g*arnie de *c*uivre redoutent peu la *gu*eule du re*qu*in. — 5. Nous vous fati*gu*ons, vous vous fati*gu*iez. Les soldats se fati*gu*aient, son coura*g*e se fati*gua*, *quoiqu*'il fût infati*g*able. — 6. Tenez toujours b*ien* *g*arnie la man*g*eoire de la ca*g*e de votre pi*ge*on. — 7. L'a*g*ile plon*ge*on cro*qua* le *g*ou*j*on. — 8. Un esprit *j*aloux propa*g*e les bruits in*j*urieux, il les propa*ge*ait, il les propa*gea* ; ne les propa*ge*ons pas. — 9. Les *j*eunes *g*ens ont d'ordin*ai*re un caractere *g*ai et en*j*oué. — 10. L'espérance allé*g*e les fati*gues* : elle les allé*gea*, elle les allé*ge*ait : nous les allé*ge*ons.

---

1. On trouve quelquefois *j* suivi d'un *e* ou d'un *i* ex : je jette.

3° Exercer les élèves à écrire les phrases suivantes et à les réciter.

J'allègue une excuse,	J'alléguais une excuse,
Tu allègues,	Tu alléguais,
Il ou elle allègue,	Il ou elle alléguait,
Nous alléguons,	Nous alléguions,
Vous alléguez,	Vous alléguiez,
Ils ou elles allèguent.	Ils ou elles alléguaient.
Je mange du pain,	Je mangeais du pain,
Tu manges,	Tu mangeais,
Il ou elle mange,	Il ou elle mangeait,
Nous mangeons,	Nous mangions,
Vous mangez,	Vous mangiez,
Ils ou elles mangent.	Ils ou elles mangeaient.

Faire passer les mots *je prodigue les aumônes,* par toutes les formes de *j'allègue une excuse,* et *je range un pupitre* par toutes les formes de *je mange du pain.*

4° Chercher et écrire cinq a dix mots qui présentent l'emploi de *g;* de l'équivalent de *gu* devant *e, i;* de l'équivalent de *gu* devant *a, o;* de *j* et de ses équivalents *g, ge.*

g. Goûter, gambade, ingambe, contigu, garder, gargousse, gâter, gondole, gargarisme, défiguré.

gu. Fatigue, orgue, guérir, guimpe, bègue, léguer, anguille, collegue, longueur, vague, sanguin, ligueur.

gu. Je distinguai, tu distinguas, il distingua, nous distinguons, ils distinguaient, je distinguais, nous distinguâmes.

j. Jeter, projet, jambe, joue, ajouter, joie, jupe, enjeu.

g. Cage, rugir, gémir, soulager, ange, registre, gingembre.

ge. Geôlier, plongeon, mangeoire, nous rangeâmes, nageoire, engageant, nageur, il saccageait, nous corrigeons.

IV. **Questionnaire.** — 75. Quel est l'équivalent de *g* et quand faut-il employer cet équivalent? — 76. Quels sont les équivalents de *j*, et quand faut-il employer *g* ou *ge*?

V. **Principes.** — 75. G a pour équivalent GU. On emploie G devant les voyelles *a, o, u* et les voyelles composées qui en sont formées. On emploie *gu* devant les voyelles *e, i, y,* et les voyelles composées qui en sont formées.

J a pour équivalent G et GE. On emploie *g* devant *e*, *i* et *y* et les voyelles composées qui en sont formées. On emploie *ge* devant les voyelles *a*, *o*, *u* et les voyelles composées qui en sont formées.

VI. **Devoir par écrit.** — 1° Écrire le premier exercice d'application et d'invention.

2° Écrire le deuxième exercice d'application et d'invention.

3° Le troisième exercice.

4° Faire passer par les formes indiquées dans le troisième exercice d'invention les mots suivants :

Je ménage les provisions,	*J'allonge* la corde,
Je nage en pleine eau,	*Je plonge* sans crainte,
Je brigue un emploi,	*Je fatigue* le maître,
Je vogue en sûreté.	*Je harangue* la foule.

5° Écrire le quatrième exercice d'application et d'invention.

VINGTIÈME LEÇON.

ÉQUIVALENTS DE F, ILL ET Z.

I. **Récapitulation.** — Qu'est-ce que les équivalents?... Quels sont les équivalents que vous avez étudiés dans la dernière leçon?...

II. **Exposition.** — Lisez avec attention les tableaux suivants :

§ 1er. *f* = *ph*.

	Cons.	Equiv.
1. Fable, férule, figue, folle	*f*.	
2. Physique, prophète, géographe		*ph*.

Le maître fait remarquer dans la 2e ligne la forme de l'équivalent *ph*, composé d'un *p* et d'un *h*. Il fait remarquer, en outre, que cet équivalent s'emploie devant toutes les voyelles, mais qu'il n'est en usage que dans un certain nombre de mots tirés des langues étrangères.

§ 2. *ill = il, ll.*

		Cons.	Equiv.
1.	Médaille, bouillon, feuille	*ill.*	
2.	Camail, fenouil, deuil, sommeil		*il.*
3.	Famille, coquillage, périlleux, brillant		*ll.*

Le maître fait lire avec attention les trois lignes et comparer les mots qui présentent l'emploi de la consonne composée *ill*. Il fait remarquer que les mots de la première ligne sont écrits avec la consonne composée, sans aucun changement, *mé da ille, bou illon, feu ille*;

Que dans les mots de la seconde ligne, où la consonne composée *ill* est *finale*, c'est-à-dire termine le mot, elle a pour equivalent *il*, qui diffère de *ill*, par le retranchement du dernier *l*, *camail*, *deuil*, etc.;

Que dans les mots de la troisième ligne, ou la voyelle qui termine la syllabe placée avant *ill*, est toujours un *i*, on retranche cet *i* dans la consonne *ill*, qui devient simplement *ll*, *fa mi lle*, *co qui lla ge*, *pe ri lleux*. Il en fait donc conclure que la consonne composée *ill*, a pour équivalent *il* à la fin des mots, et *ll* quand la syllabe qui précède est terminée par un *i*.

§ 3. *z = s.*

Gaze, zèle, onze, azyme	*z.*
Rase, bise, ruse, poison, chose	*s.*

Faire remarquer que l'articulation qui est représentée dans la première ligne par *z*, l'est dans la seconde par la consonne *s*, qui perd dans ce cas sa valeur pour prendre celle de *z*. Cette modification de la valeur primitive de *s* n'a lieu que dans le cas seulement ou cette consonne se trouve placée dans le corps d'un mot entre deux voyelles, comme on le voit, en effet, dans les mots de la seconde ligne. *z* a donc pour équivalent *s*, mais seulement quand cette dernière consonne se trouve placée entre deux voyelles.

Le maître fait ainsi résumer toutes ces observations :

§ I. F employé dans les mots de la première ligne a pour équivalent PH dans ceux de la seconde qui doivent tous leur origine à une langue étrangère.

§ II. Les mots de la première ligne présentent l'emploi de la consonne composée ILL.

Dans les mots de la seconde ligne, la consonne ILL, toujours finale, forme une syllabe consonnante et change de forme par la suppression du dernier *l*.

Dans les mots de la troisième ligne, la consonne ILL, venant après un *i* terminant la syllabe qui précède, change de forme par le retranchement de l'i initial.

Ainsi la consonne *ill* est remplacée par l'équivalent *il*, dans les syllabes finales ou *ill* termine une syllabe consonnante.

Elle est remplacée par l'équivalent *ll* quand la syllabe qui précède finit par un *i*.

§ III. La consonne *z* qui figure dans les mots de la première ligne, a pour équivalent dans ceux de la seconde *s*, qui y est toujours placée entre deux voyelles.

s entre deux voyelles est donc l'équivalent de *z* et perd sa valeur primitive.

III. **Exercices d'application et d'invention.** — 1° Signaler les divers équivalents dans les phrases suivantes, et expliquer la raison de leur emploi, quand il y a lieu.

1. La *phys*ionomie douce et *f*ranche de Jose*ph* lui concilia la *f*aveur de *Ph*araon. — 2. Les *f*antômes n'existent *qu*e dans l'imagination des ge*n*s ignorants et *e*ffrayés. — 3. L'apostro*ph*e *est* un signe orthogra*ph*i*qu*e *qu*e l'on retrouve dans pres*qu*e toutes les *ph*rases. — 4. La *phys*iqu*e* est une sci*en*ce *qu*i expli*qu*e les *ph*énomenes de la nature. — 5. L'Égli*s*e repousse de son s*ein* les blas*ph*émateurs. — 6. Une petite f*ill*e gent*ill*e ne doit être ni bab*ill*arde, ni rai*ll*eu*s*e, ni orguei*ll*eu*s*e. — 7. Tout pap*ill*on a comm*en*cé par être chen*ill*e. — 8. L'es*qu*if ra*s*e la surface azurée du lac *qu*e ride le souffle du zé*ph*ire. — 9. L'orgue*il* *est* l'écue*il* de la sci*en*ce. — 10. Un *e*sprit point*ill*eux et broui*ll*on cherche *qu*erelle pour des vét*ill*es.

2° Compléter les mots des phrases suivantes, en rétablissant les lettres remplacées par des points.

f, *ph*. 1. L'air *f*rais de la nuit, et les émanations mé*ph*itiques des habitations malpropres occasionnent aux en*f*ants des maux d'yeux appellés o*ph*thalmies. — 2. La lithogra*ph*ie et la calcogra*ph*ie sont des inventions récentes. — 3. On donne le nom d'antropo*ph*ages aux sauvages qui se *f*ont un aliment de la chair humaine. — 4. Le *ph*os*ph*ore est une substance qui prend *f*eu *f*acilement et qui sert à *f*abriquer les allumettes chimiques. — 5. On appelle *amph*ibies les animaux qui vivent au fond de l'eau et à la sur*f*ace de la terre comme le *ph*oque et le castor.

ill, *il*, *ll*. 6. au coucher du sole*il*, le berger ramène ses brebis au berca*il*. — 7. Le moissonneur épui*s*é de fatigue cesse son trava*il*, et dépo*s*e sa fauci*ll*e dans le si*ll*on. — 8. Le rossignol gazoui*ll*e sous le feu*ill*age de la charmi*ll*e.

z, *s*. 9 Avec son aigui*ll*e et son fuseau, une villageoi*s*e laborieu*s*e et *z*élée entretient l'ai*s*ance de son ménage. — 10. L'écureu*il* et le chevreu*il* se plai*s*ent dans les régions boi*s*ées, et trouvent un a*s*ile dans les *f*orêts.

3° Chercher et écrire de six à dix mots présentant 1° l'emploi de *f*, de *ph*; 2° de *ill*, de *ll*, de *il*; 3° de *z*, de *s*.

1. Fardeau, affaire, défense, préférer, fenêtre, fumée, effeuiller, fondre, méfiance, faufiler, défaut.

Philosophe, philanthrope, physionomie, physicien, alphabet, triompher, camphre, amphibie, blasphème, sphère.

2. Railler, fouiller, feuille, taille, mouillage, treille, corbeille, bouteille, merveille, groseille, bataille, rouille.

Camail, fauteuil, soleil, cerfeuil, écureuil, éventail, portail, travail, seuil.

Quille, bille, habiller, brindille, fille, grillage, mantille, lentille, éparpiller.

3. Azur, zone, amazone, gazon, Suzanne, topaze, zéro, douzaine, mélèze, trapeze, zizanie.

Base, causer, raison, plaisir, arroser, désir, voisin, chaise, noisette, poser, cerise.

IV. **Questionnaire.** — 77. Quel est l'équivalent de *f*? — 78. Quels sont les équivalents de *ill* et quand faut-il employer *il* ou *ll*? — 79. Quel est l'équivalent de *z* et quand faut-il l'employer?

V. **Principes.** — 77. F a pour équivalent PH, employé dans les mots dérivés des langues étrangères.

78. ILL a pour équivalent IL et LL. On emploie l'équivalent *il* à la fin des mots et lorsqu'il forme une syllabe consonnante avec la voyelle qui précède.

On emploie *ll* quand la syllabe qui précède finit par un *i*.

79. Z a pour équivalent S, lorsque cette consonne se trouve placée entre deux voyelles : *rose*, *bise*.

VI. **Devoir par écrit.** — 1° Mettre par écrit le premier exercice d'application en indiquant les équivalents par les lettres *eq*, et en expliquant la raison de leur emploi.

2° Mettre par écrit le deuxième exercice.

3° Trouver dix à quinze mots s'écrivant 1° par *f*; 2° id. par *ph*; 3° id. par *ill*, 4° id. par *ll*; 5° par *il* ou *l*; 6° id. par *z*; id. par *s* équivalent de *z*.

1. Fleur, affable, fouler, souffle, frais, flambeau, infirme, chef, suffire, affliger, frapper, influence.
2. Pharaon, phénix, phrase, épiphanie, géographie, calligraphie, télégraphe, diphthongue, Joséphine.
3. Maille, paille, écaille, souiller, bouillir, pareille, conseiller, éveiller, travailler, accueillir.
4. Famille, gentille, résille, flottille, anguille, sautiller, fourmiller, carillon, brillez, sillon, oisillon.
5. Email, pareil, sommeil, fenouil, vitrail, conseil, corail, éveil, orteil, treuil, deuil, vermeil.
6. Zéphyr, horizon, Suze, zouave, treize, Zénon, rizière, coryza.
7. Brise, mise, raser, oser, prose, fraise, amuser, dose, puiser, désoler, partisan, lisible, cousin.

VINGT ET UNIÈME LEÇON.

ÉQUIVALENTS DE S.

I. **Récapitulation.** — Quel est l'équivalent de la consonne *z*?... Quand est-ce que la consonne *s* équivaut à *z*?... Quelle est la valeur ordinaire de la lettre *s* et donnez-en des exemples?... (*sel, salir, insulter.*)

II. **Exposition.** — Lisez avec soin les mots suivants en faisant attention aux caractères par lesquels l'articulation *s* y est représentée.

s = *ss*, *c*, *ç*, *ti*.

	Cons	Equiv.
1. Sabre, sort, persan, insulte	*s*.	
2. Tasse, boisson, essoufflé, sagesse		*ss*.
3. Cedre, cécité, cicatrice, cintre		*c*.
4. Plaça, maçon, reçu, François		*ç*.
5. Martial, action, partiel, facétie		*ti*.

Le maître fait remarquer que la consonne *s* s'emploie avec son caractère et sa forme ordinaire, dans les mots de la première ligne ;

Que dans les mots de la seconde ligne, où la consonne est toujours placée entre deux voyelles, elle se présente sous la forme de deux *s* parce que si le *s* était seul, il prendrait le son du *z* et en serait l'équivalent, ainsi qu'on vient de le voir plus haut ;

Que dans les mots de la troisième ligne *s* a pour équivalent *c*, et que dans tous ces mots le *c* est suivi d'un *e*, d'un *i*, d'un *y*, ou des voyelles composées *in*, *ym*.

Que dans les mots de la quatrième ligne où *s* a pour équivalent *ç*, avec une cédille, ce *ç* est toujours suivi de *a*, *o*, *u* ;

Que dans les mots de la cinquième ligne, *s* a pour équivalent *t*, suivi de *ia*, *ion*, *iel*, *ie*,

D'où il fait conclure aux élèves que *s* a pour équivalent *ss* entre deux voyelles ; — *c* devant *e*, *i*, *y* ; — *ç* devant *a*, *o*, *u* ; — *t* devant un *i* suivi d'une autre voyelle. Il prévient les élèves que quelquefois cependant le *t* conserve sa valeur ordinaire dans les syllabes en *tia*, *tion*, etc. ; il les avertit qu'ils apprendront plus tard les moyens de faire cette distinction. Après ces explications les élèves sont en état de donner, sur les deux tableaux, les explications suivantes que le maître provoque par ses questions :

[La lettre s qui figure dans les mots de la première ligne a pour équivalent un double ss dans ceux de la seconde où cet équivalent est toujours placé entre deux voyelles. Elle a pour équivalent, dans ceux de la troisième, c suivi des voyelles *e*, *i*, *y* et de leurs composés. Elle a pour équivalent, dans ceux de la troisième, un ç accompagné d'une cédille, parce que sans la cédille *c* conserverait sa valeur ordinaire devant les voyelles *a*, *o*, *u* et leurs composés.

Enfin, s a pour équivalent, dans les mots de la cinquième ligne, T précédant un *i* suivi d'une autre voyelle : *tia*, *tie*, *tio*, *tion*, etc.]

III. **Exercices d'application et d'invention.**— 1° Indiquer les équivalents dans les phrases suivantes et expliquer la raison de leur emploi, quand il y en a une.

1. Des capu*c*ines j*au*nes tapi*ss*ent toute la surfa*c*e de la fa*ç*ade de la serre. — 2. L'adre*ss*e et la fine*ss*e qui ble*ss*ent la franchi*s*e sont un vi*c*e plutôt *qu*'une *qu*alité. — 3. Les e*x*pre*ss*ions peu justes font souv*en*t par*aî*tre les p*en*sées f*au*sses. — 4. Le jeune Tobie se servit du fiel du poi*ss*on pour *gu*érir son père de sa cé-

cité. — 5. Que votre façon d'agir ne fasse jamais soupçonner que vous avez reçu une mauvaise éducation. — 6. Je place, tu places, il place, nous plaçons, vous placez, ils placent. Je plaçais, tu plaçais, il plaçait nous placions, vous placiez, il plaçaient. — 7. Je plaçai, tu plaças, il plaça, nous plaçâmes, vous plaçâtes, ils placèrent. — 8. Les juifs attendaient avec impatience la venue du Messie annoncé par les prophéties. — 9. L'air martial du général imposa silence aux factieux et mit fin à la sédition.

2° Compléter les mots des phrases suivantes en rétablissant la lettre ou les lettres dont la suppression est indiquée par des points.

s, ss, c, ç, t. Cet enfant s'est comporté avec sagesse et décence à la messe de paroisse et pendant les offices. — 2. Le chien suit avec autant d'adresse que de sagacité les traces de son maître. — 3. Grâce à la prudence de sa sœur, cet étourdi a évité les morsures du chien qu'il agaçait. — 4. Le maçon a réparé les crevasses de la terrasse. — 5. On soupçonne que ce malfaiteur est un ancien forçat. — 6. Effaçons le souvenir de nos fautes passées par des actions dignes d'éloges. — 7. A force de rester dans l'inertie, on perd l'usage de ses forces. — 8. J'efface, tu effaces, il ou elle efface; nous effaçons, vous effacez, ils ou elles effacent. — 9. J'effaçais, tu effaçais, il ou elle effaçait; nous effacions, vous effaciez, les années effaçaient. — 10. J'effaçai, tu effaças, la brosse effaça; nous effaçâmes, vous effaçâtes, les années effacèrent.

3° Exercer les élèves à reproduire les formes des nos 8, 9, et 10, en mettant les mots *je trace* à la place de *j'efface*. Exemple :

Je trace une figure,	Je traçais,	Je traçai,
Tu traces,	Tu traçais,	Tu traças,
Il ou elle trace,	Il ou elle traçait,	Il ou elle traça,
Nous traçons,	Nous tracions,	Nous traçâmes,
Vous tracez,	Vous traciez,	Vous traçâtes,
Ils ou elles tracent,	Ils ou elles traçaient,	Ils ou elles tracèrent.

Même exercice sur les mots *je devance* un condisciple, *je déplace* un meuble.

IV. **Questionnaire.** — 80. Quels sont les équivalents de *s*? — 81. Dans quelles circonstances emploie-t-on l'équivalent *ss*? — 82. Quand faut-il employer les équivalents *c* et *ç*? — 83. Quand est-ce que le *t* devient un des équivalents de *s*?

V. **Principes.** — 80. s a quatre équivalents : ss, c, ç, t.

81. Le double ss s'emploie entre deux voyelles, puisque s devrait prendre alors le son de z s'il n'était pas redoublé.

82. c équivaut à s devant les voyelles *e, i, y* et leurs composés.

Devant les voyelles *a, o, u* et leurs composés, on remplace c par ç avec une cédille.

83. T est quelquefois équivalent de s, quand il est suivi des voyelles *ia, ie, ion*, etc.

VI. **Devoir par écrit.** — 1° Mettre par écrit le premier exercice d'application.

2° Mettre par écrit le deuxième exercice.

3° Chercher et écrire dix à quinze mots qui présentent l'emploi 1° de *s*; 2° id. de *ss*; 3° id. de *c* équivalent de *s*; 4° id. de *ç*; 5° id. de *tia, tie, tion*.

1. Savoir, insecte, parsemer, santé, absent, salade, selle, mensonge, morsure, dispute, surnom.

2. Chasser, fosse, brosse, casser, plisser, impression, classe, massue, messe, adresser, glisser, crosse.

3. Cigale, lancer, encens, récit, souci, centaine, incendie, percer, face, gracieux, racine, cygne, ceinture, cymbale.

4. Garçon, il menaça, façade, il traça, leçon, arçon, façon, nous forçons, glaçon, tu forçais, ils commençaient.

5. Attention, partial, portion, providentiel, direction, substantiel, prétentieux, additionner.

4° Faire passer par toutes les formes indiquées dans les exercices les mots suivants.

Je perce un tonneau, je rince un verre, je fronce le sourcil, j'enfonce un clou, j'entrelace une couronne, je pince un camarade.

VINGT-DEUXIÈME LEÇON.

VOYELLES LONGUES ET BRÈVES, GRAVES ET AIGUES.

AVIS AUX MAITRES SUR LES DEUX LEÇONS SUIVANTES.

Bien que chaque voyelle ait un son propre et spécial, ce son est toutefois susceptible de certaines variations plus ou moins sensibles dans la prononciation. Le plus souvent même les nuances sont indiquées dans l'écriture par des caractères particuliers et influent ainsi sur l'orthographe. Il importe donc d'appeler sur ce point l'attention des élèves et de les exercer à la fois à bien saisir les différences qui distinguent les voyelles longues ou brèves, graves ou aiguës, à les bien observer dans la prononciation, et à en reproduire exactement les caractères dans l'écriture. L'étude de la *mesure* et de *l'intonation* des syllabes constitue, dans son ensemble, un des points les plus délicats et les plus difficiles de notre orthographe et de notre prononciation. On comprend que nous n'avons pas à l'approfondir ici. Tout ce qu'il y a en ce moment à faire avec les élèves auxquels s'adressent ces leçons, c'est de les accoutumer plus encore par la pratique que par les regles, à reconnaître les voyelles longues et brèves, graves ou aigues, et à observer, dans la prononciation comme dans l'ecriture, les caractères spéciaux qui les distinguent.

Tel est le but des deux leçons qui suivent. Mais, toutefois comme les grammaires ne traitent pas d'ordinaire ce sujet avec les détails et la clarté nécessaires pour en donner une idée suffisamment exacte, nous croyons utile de faire précéder ces leçons de quelques explications courtes et précises sur ce qu'il faut entendre par la *quantité*, *l'intonation* et *l'accentuation*, et sur le parti que l'on peut en tirer pour la connaissance de l'orthographe.

La variation du son des voyelles peut avoir lieu de trois manières, et dépendre de trois causes différentes.

La première de ces causes tient au plus ou moins de temps qu'on met à prononcer les syllabes. C'est ce qu'on appelle la *quantité* ou la *mesure*.

La seconde tient à la maniere différente dont le son est formé dans l'organe vocal par le changement de position des parties de cet organe. C'est ce qu'on appelle l'*intonation*.

La troisième tient au plus ou moins d'élévation et de force de la voix sur certains mots ou sur certaines syllabes d'un même mot. C'est ce qu'on appelle l'*accent*.

1° *De la quantité des syllabes.*

Une syllabe qui se prononce rapidement est *brève*.

Une syllabe qui se prononce avec lenteur est *longue*.

Une syllabe qui se prononce tantôt rapidement, tantôt lentement, selon le mot auquel elle appartient est *douteuse* ou *moyenne*.

Il y a donc, sous le rapport de la quantité, trois espèces de syllabes, savoir . les BRÈVES, les LONGUES, et les DOUTEUSES qui sont tantôt brèves et tantôt longues.

2° *De l'intonation.*

Lorsque le son d'une voyelle est formé comme au fond du larynx et du gosier, lequel reste grand ouvert quand on prononce cette voyelle, et que ce son paraît ainsi venir de la poitrine, on dit qu'il est *grave*.

Ainsi le son de l'*a*, de l'*è*, de l'*o*, de l'*eu*, est grave dans les mots suivants : *pâle, depart, blême, amer, or, peur.*

Quand le son de la voyelle est formé au contraire par un certain rétrécissement du larynx ou du gosier, et qu'il paraît alors partir de l'intérieur de la bouche ou de la tête, on dit que le son est *aigu*.

Par exemple : le son de l'*a*, de l'*e*, de l'*o*, de l'*eu*, est aigu dans les mots suivants : *eclat, debat, pere, fidele, dôme*[1], *impôt, jeûne, enjeu.*

Il y a entre le son aigu et le son grave plusieurs degres ou plusieurs nuances, ce qui donne lieu a un son intermediaire qu'on appelle son *moyen*.

Le son moyen varie entre l'aigu et le grave, comme dans les mots suivants : *fracas, vase, succès, chasse, rose, repos.*

Il y a donc, sous le rapport de l'intonation, trois espèces de syllabes. La syllabe *grave*, la syllabe *aigue*, et la syllabe *moyenne*, qui se rapproche tantôt du son aigu et tantôt du son grave.

La syllabe grave est toujours longue; les syllabes aigues et moyennes sont tantôt longues et tantôt brèves.

La *quantite* et l'*intonation* sont indiquées en général par des signes orthographiques; elles font donc naturellement partie d'un cours d'orthographe. Mais nous nous bornerons, dans la leçon qui suit, à des notions sommaires suffisantes pour le besoin et l'âge des élèves, et que nous compléterons plus tard.

Quant à l'*accent* qui est déterminé seulement par les lois de l'harmonie et les besoins de l'oreille, par la vivacité des impressions et par les règles du goût, nous renvoyons ce qu'il y aurait a en dire aux conseils sur l'art de bien lire qui accompagnent nos exercices de lecture.

I. **Récapitulation.** — Combien distingue-t-on d'espèces

---

1. Le plus souvent on considere l'o surmonté d'un accent circonflexe ô, comme un *o* grave. C'est une erreur : l'o est grave dans les syllabes en *or*, comme *trésor, decor, mort*, ou le son vient de la poitrine. Mais il est aigu dans les mots *dome*, *aussitôt*, où le son est produit par le retrécissement du larynx et parait formé dans la cavite du palais. Cette erreur, bien que générale, doit être signalée et évitée par le maitre.

de voyelles?... Les voix sont-elles toujours représentées par les mêmes lettres?...

II. **Exposition.** — Le même son ou la même voix peut être prononcée d'une manière différente, et ces différences sont souvent indiquées dans l'écriture par des caractères qui leur sont propres.

Lisez avec attention le tableau suivant :

TABLEAU DES MODIFICATIONS DU SON DES VOYELLES.

	1. *Longues ou graves.*	2. *Brèves, aigues ou moyennes.*
1° A.	Pâte, part.	Patte, réparé.
	Infâme, fard.	Gamme, infatué.
	Ane, art.	Anne, animé.
	Bâton, barre.	Ballot, baliverne.
2° E.	Tête, terre.	Nette, altière.
	Maire, mer.	Bagatelle, mère.
	Peine, pair.	Penne, père.
	La reine, la rêne.	Le renne, renié.

Le maître lit aux élèves chaque ligne du tableau, en ayant bien soin de faire sentir la différence qui existe dans la prononciation entre les mots de chaque colonne, soit sous le rapport de la *mesure*, soit sous celui de l'*intonation*.

Il leur montre que le son de l'*a* dans *pâte*, *part*, vient du fond de la poitrine, tandis qu'il se forme pour ainsi dire dans la bouche, dans les mots *patte, réparé*. Il leur fait voir que ce son, qu'on appelle grave, a une durée un peu plus longue que dans les mots où le son de l'*a* est *faible* ou *aigu*.

Qu'est-ce qu'un son grave?... Qu'est-ce qu'un son aigu?... Quelle est la durée des sons graves?...

Le maître fait relire aux élèves les mots des deux colonnes (1° A) en faisant bien sentir les différences qui caractérisent leur prononciation.

M. Que remarquez-vous sur la prononciation des mots de chacune des deux premières colonnes? — *E.* Je remarque que l'*a* des deux mots de la première colonne se prononce plus lentement, tandis que celui des mots de la seconde colonne se prononce plus vite. Le son du premier est aussi plus grave et semble venir de la poitrine, tandis que le son des seconds est plus *faible* et plus *aigu* et ne paraît formé que sur le bout des lèvres.

M. Pour le motif que vous venez d'indiquer les *a* de la première colonne sont appelés *graves* et forment les syllabes longues, tandis que ceux de la seconde et de la troisième, sont des *a* faibles ou aigus et forment des syllabes brèves. Qu'est-ce qu'une voyelle longue et grave?... Qu'est-ce qu'une voyelle faible et brève?... Où trouvez-vous l'*a* grave et long?... L'*a* faible et bref?...

M. Apercevez-vous une différence dans la manière d'écrire ces deux espèces d'*a*? — *E*. Oui. Le premier est surmonté d'un accent circonflexe ou suivi d'un *r*. Le second est toujours suivi d'une double consonne autre que le *r*. — *M*. Comment indique-t-on dans l'écriture l'*a* grave et long?.. l'*a* faible et bref?...

Même exercice sur 2° E. Seulement le maître aura soin de faire remarquer que l'è grave et long peut s'écrire de trois manières : 1° Avec l'accent circonflexe ou l'accent grave, comme dans *tête*, *prophete*; 2° par l'équivalent *ai* et *ei*, comme dans *maire*, *peine*, 3° avec l'*e* ordinaire suivi d'un double *r* où d'un *r* final.

M. N'y a-t-il pas plusieurs manières d'écrire l'*è* grave et long? — *E*. Oui. D'abord avec l'accent circonflexe *ê* ou grave *è*, comme dans *tête*, *père*, et ensuite avec les équivalents *ai* et *ei* comme dans *maire*, *peine*, et enfin quand il est suivi d'un double *r*, ou que la syllabe finit par *r*, comme dans *verre*, *cher*, etc.

Résumons ces explications.

Les voyelles *â* et *è* sont longues et graves dans les mots de la première colonne; brèves et aiguës dans les mots de la seconde.

A est long et grave quand il est surmonté d'un accent circonflexe *â* ou qu'il est suivi d'un *r*.

A est bref et aigu quand il est suivi d'une double consonne ; il est *moyen* dans les autres syllabes.

E est long et grave quand il est surmonté d'un accent circonflexe *ê* ou d'un accent grave *è*; quand il est représenté par l'équivalent *ai*, *ei;* quand il est suivi de *r* final ou d'un double *rr*.

E est bref et aigu quand il est suivi d'une double consonne autre que le *r* et dans les syllabes consonnantes; il est *moyen* dans les autres syllabes.

III. **Exercices d'application et d'invention.** — 1° Classer les sons des mots et des phrases qui suivent.

Mots. Blâme, cheval, patrie, marâtre, canne, rempart, latte. char, datte, idolâtre, tâche, tacher, pâtre, départ, il acheta, plâtras, madame, gramme, fer, sème, dette, frère, revers, aime, blesse, repaire, haleine, Étienne, belette, achete, jette, effroi, apaise, trêve, carême, dessert, hiver, la Seine.

Phrases. 1. Le pain est l'aliment du corps, l'instruction est l'aliment de l'âme. — 2. La patte du chat a laissé sa trace dans la pâte. — 3. Supporter le mal avec courage est le signe d'un mâle caractere. — 4. Celui qui n'est pas sensible aux peines des autres, ne mérite pas qu'on s'intéresse aux siennes. — 5. La violette est l'emblème du mérite modeste. — 6. La tourterelle s'endort en cachant sa tête sous son aile.

2° Chercher et écrire des mots qui présentent des exemples :

De l'*â* grave et long caractérisé soit par l'accent circonflexe (1), soit par le double *r* ou le *r* final (2).

De l'*a* bref, aigu ou moyen caractérisé par une double consonne autre que *r* (3).

De l'*è* grave ou long caractérisé soit par l'accent circonflexe ou l'accent grave (4) soit par l'emploi des équivalents *ai*, *ei* (5), soit par un *r* final ou un double *r* (6).

De l'*e* bref ou aigu caractérisé par une double consonne autre que le *r* (7).

1. Pâté, ânon, âme, crâne, pâle, folâtre, blanchâtre.
2. Écart, hart, carré, char, dard, parrain, bagarre.
3. Vanne, gamme, tanner, allee, chatte, nappe, ballon.
4. Blême, tempête, chêne, bêler, pere, prophète, il mene.
5. Balai, essai, maison, Seine, chaine, peine.
6. Verre, mer, pierre, terre, serrer, cher, amer.
7. Belle, selle, steppe, échelle, nette, mienne, messe, tresse.

IV. **Questionnaire.** — 84. De combien de manières la prononciation des voyelles peut-elle être modifiée? — 85. En combien de classes se partagent les voyelles sous le rapport de la mesure? — 86. Qu'est-ce que les voyelles longues? Qu'est-ce que les voyelles brèves? Qu'est-ce que les voyelles moyennes ou douteuses? — 87. Combien distingue-t-on de classes de voyelles sous le rapport de l'intonation? — 88. Qu'est-ce que les voyelles graves? Qu'est-ce que les voyelles aigues? Qu'est-ce que les voyelles moyennes? — 89. Comment distingue-t-on les voyelles longues dans l'écriture? — 90. Comment distingue-t-on les voyelles brèves? — 91. Quels sont les signes qui servent à faire distinguer l'*a* grave et long de l'*a* aigu et bref? — 92. Peut-on écrire l'*e* grave et long de différentes manieres, et quelles sont ces manieres? — 93. Comment peut-on écrire l'*e* bref, aigu ou moyen?

V. **Principes.** — 84. La prononciation des voyelles peut être modifiée de deux manières : 1° dans la nature même du son qui leur est propre, c'est-à-dire dans leur *intonation;* 2° dans la durec du temps qu'on met à les prononcer, c'est-à-dire dans leur *mesure* ou leur *quantité.*

85. Sous le rapport de la mesure, les voyelles se partagent en trois classes :

86. 1° Les voyelles *longues*, qui se prononcent lentement; 2° les voyelles *brèves*, qui se prononcent avec plus de rapidité; 3° les voyelles *douteuses* ou *moyennes* qui se rapprochent tantôt des voyelles longues, tantôt des voyelles brèves.

87. Sous le rapport de l'intonation, on distingue également trois espèces de voyelles :

88. 1° Les voyelles *graves*, dont le son paraît se former dans la poitrine; 2° les voyelles *aigues*, dont le son paraît au contraire produit par le retrécissement du gosier, et semble formé dans la cavité même de la bouche; 3° les voyelles *moyennes*, qui paraissent tenir le milieu entre les deux.

89. Les voyelles longues sont distinguées dans l'écriture en ce qu'elles sont surmontées d'un signe ^ appelé accent circonflexe, ou bien qu'elles sont suivies d'un double *r*, ou d'un *r* terminant la syllabe, ou bien qu'elles sont représentées par des équivalents. Ainsi *è* long est quelquefois représenté par *ai* ou *ei*, et *o* par *au* ou *eau*.

90. Les voyelles brèves sont distinguées en ce qu'elles sont ordinairement suivies d'une consonne redoublée autre que *r*.

91. L'A grave et long se trouve caractérisé soit par l'accent circonflexe qui le surmonte, soit parce qu'il est suivi d'un double RR ou d'un R final. Ex. *Pâte, part, carré.*

92. L'E grave et long se trouve écrit de plusieurs manières :

1° Surmonté de l'accent circonflexe ou de l'accent grave, *baptême, prophète.*

2° Remplacé par les équivalents AI, EI, *notaire, reine.*

3° Par les équivalents ET, EST, AIENT, *projet,* il *est,* etc.

4° Suivi d'un double R ou d'un R final, *verre, mer, cher,* etc.

93. L'E suivi d'une double consonne autre que *r* devient bref et aigu, *belle, selle, navette.*

VI. **Devoir par écrit.** — 1° Mettre par écrit le premier exercice d'application et d'invention, en surmontant les voyelles *graves* par un *g*, *longues* par le signe —, *aiguës* par un *a*, et brèves par le signe ᴗ, et en ne mettant rien sous celles qui ne sont ni brèves ni longues absolument.

2° Mettre par écrit le second exercice en cherchant et en écrivant les mots demandés.

3° Faire, sous le rapport de la *mesure* et de l'*intonation*, la notation du morceau suivant au moyen des signes précédemment indiqués.

1. En m'aidant à remplir ma tâche, ma sœur Juliette a fait une tache à sa robe d'indienne. — 2. La flamme de l'âtre projette sur les murs une pâle clarté. — 3. La pâte bien battue et suffisamment cuite fournit une nourriture saine.

4. De l'absolu pouvoir vous ignorez l'ivresse
Et des lâches flatteurs la voix enchanteresse.

5. La paresse et le libertinage font traîner sur la terre une vie infâme et misérable. — 6. Il suffit d'une étincelle, ou d'une allumette facile à s'enflammer pour occasionner de terribles désastres.

VINGT-TROISIÈME LEÇON.

VOYELLES GRAVES ET AIGUËS, LONGUES ET BRÈVES *(suite)*.

I. **Récapitulation.** — Qu'est-ce que les voyelles graves et longues?... En quoi diffèrent-elles des voyelles brèves et aiguës?... Peut-on écrire *a* grave et long de plusieurs manières?... Comment indique-t-on dans l'écriture l'*e* grave et long?

II. **Exposition.** — Lisez le tableau suivant.

I.

1.		2.	
Aigues,	*graves.*	*Brèves,*	*moyennes.*
Dôme,	dort.	Dommage,	doré.
Cône,	cor.	Donne,	décoré
Mauve.		Il nomme,	démolir.
Pauvre.		Pomme,	dépoli.

II.

Jeûne,	peur.	Feuille,	peureux.

Le maître fait lire avec soin chaque ligne en faisant sentir et remarquer la différence de prononciation qui distingue les mots de la première colonne de ceux de la seconde. Il fait voir que dans la premiere colonne les syllabes formées par *o* sont longues, et qu'elles sont caractérisées, soit par l'emploi de l'accent circonflexe *dôme*, soit par l'emploi de l'équivalent *au pauvre*, soit par la consonne *r* placée après la voyelle, dans la même syllabe *dort*, *cor*.

Les syllades formees par *o* dans la seconde colonne sont au contraire brèves. Elles se distinguent en ce que l'*o* termine la syllabe, et qu'il est suivi tres-souvent d'une double consonne dans la syllabe suivante : *dommage, pomme, depoli.*

Il est à remarquer que les syllabes de la première colonne, bien que toutes longues, sont d'une nature differente par leur intonation. Ainsi o dans *dôme, cône, paume*, est aigu. Il est grave dans *dort, cor*, etc. Faire sentir et observer cette nuance aux élèves, et y accoutumer leur oreille et leur prononciation.

Observations analogues sur *eu* et *eur* du nº II.

M. De quelle voyelle sont formées en général les syllabes des mots du nº I? — *E.* Elles sont en général formées de la lettre *o* ou de son équivalent. — *M.* Les syllabes de la première colonne sont-elles semblables à celles de la seconde sous le rapport de la mesure ?— *E.* Non. Ces syllabes sont *longues* dans la première colonne et *brèves* ou *moyennes* dans la seconde. — *M.* Sont-elles semblables sous le rapport de l'intonation ? — *E.* Non. Celles de la première colonne sont *aiguës* ou *graves,* et celles de la seconde sont *moyennes.*

M. Ces différences dans la mesure et dans l'intonation sont-elles indiquées dans l'écriture ? — *E.* *O* long et aigu s'écrit avec un accent circonflexe ou avec l'équivalent *au.* *O* long et grave est suivi d'un *r* dans la même syllabe. *Dort, mortel.* Au contraire, dans les syllabes brèves ou moyennes de la seconde colonne, *o* est toujours écrit par un *o* simple; il termine la syllabe et devient bref et aigu quand il est suivi d'une double consonne.

M. Quand faut-il écrire le son *o* par *ô* ou par *au?* — *E.* Quand la syllabe est longue et aiguë. — *M.* Quelle est la valeur de l'*o* sous le rapport de l'intonation et de la mesure quand il est suivi d'un *r* dans la même syllabe?... Quand la suivante syllabe commence par une double consonne.

Observations et questions analogues sur le n° II.

Résumons ces observations.

O surmonté d'un accent circonflexe ou représenté par l'équivalent *au* est long et aigu dans les premiers mots de la première colonne. Il est grave et long dans les seconds où il est suivi d'un *r*.

O suivi d'une double consonne est bref et aigu dans les premiers mots de la deuxième colonne. Il est moyen dans les seconds, où il forme une syllabe pure suivie d'une consonne simple.

Eu surmonté d'un accent circonflexe *eû* est long et aigu dans le pemier mot de la première colonne; suivi d'un *r*, il est grave et long dans le second.

Eu est bref ou moyen dans les mots de la deuxième colonne et dans toutes les autres syllabes.

Quel est le son, et quelle est la durée de la voyelle *o* quand cette lettre est surmontée d'un accent circonflexe?.. quand elle est suivie d'un *r* dans une syllabe consonnante? quand elle est suivie d'une double consonne dans les syllabes ordinaires?...

Quel est le son et quelle est la durée de la voyelle *eu* lorsqu'elle est surmontée d'un accent circonflexe, ou suivie d'un *r* dans une syllabe consonnante?... dans les autres syllabes?...

III. **Exercices d'application et d'invention.** — 1° Classer le son des voyelles dans les mots et les phrases suivantes sous le rapport de la mesure et de l'intonation, en indiquant par les signes convenus si la syllabe est brève, longue ou moyenne; grave, aigué ou moyenne, et en faisant remarquer comment elle est représentée par l'écriture.

Mots. Apôtre, couronne, morose, transport, prône, marotte, Dordogne, cordonnier, paume, pomme, dévot, repos, défaut.

Couleur, heureux, cœur, jaune, ardeur, peureux, menteur.

Phrases. 1. Le b*a*t*eau* se r*ap*proche de la c*ô*te et se dirige vers le port. — 2. L'*a*mandier et l'*o*livier couronnent les c*ô*tes du Rh*ô*ne dans la p*a*rtie méridion*a*le de son cours. — 3. Quand on est très-jeune on est dispensé du je*û*ne. — 4. S*a* fray*eur* fut si f*o*rte que son vis*a*ge devint bl*ê*me, et que sa p*â*leur et son *a*ir h*a*g*a*rd fr*a*pp*è*rent ceux qui le reg*a*rd*ai*ent. — 5. Les écl*ai*rs sill*o*nn*ai*ent les nues, le tonnerre écl*a*t*ai*t; de tous c*ô*tés les p*â*tres pleins d'e*ff*roi ramen*ai*ent dans les étables les brebis b*ê*lantes et les t*au*re*au*x mugissants.

2° Chercher et écrire vingt mots présentant l'exemple de l'emploi 1° de l'*o* long et aigu *ô* et *au*; 2° de l'emploi de l'*o* grave et long *or*; 3° de l'emploi de l'*o* moyen ou bref, c'est-à-dire terminant la syllabe et suivi d'une double consonne; 4° de *eu* grave et long; 5° de *eu* aigu, moyen ou bref.

1. Fantôme, baume, taupe, il rôde, trône, un hôte, chaume, bientôt, râteau, le nôtre, le vôtre, un autre, il ôte, nivôse, alcôve, éclose, sauveur, contrôle, épaule, môle, saule, rôle, tôle, aumône, pôle.

2. Porte, sortie, transport, ressort, mortalité, fortifier, effort,

Normand, cordon, bordage, abord, port, mort, fort, cor, or, décor.

3. Occupation, offrande, bonnet, commander, folle, flotte, bonne, marotte, gomme, donne, mollet, mollir, sommation, approche, rossignol, carotte, patronne, couronne, pardonne, objet, aboli, octobre, offenser, dogme.

4. Peur, cœur, sœur, couleur, horreur, terreur, chaleur, meurtre, deuil, cerfeuil, cercueil, heurter, peur, bœuf, œuf, neuf, veuf, l'heure, le beure.

5. Breuvage, jeunesse, neuve, preuve, seule. Europe, Eucologe, Eucharistie, aveugle, neutre, bleu, creux, veuve, le jeûne, jeudi, Dieu, lieu, milieu, ruineux, meule, couleuvre.

IV. **Questionnaire.** — 94. Quand est-ce que l'*o* est grave et long? — 95. Comment s'écrit l'*o* aigu et long? — 96. Qu'est-ce qui indique l'*o* bref, aigu ou moyen? — 97. Quand est-ce que la voyelle *eu* est grave et longue.

V. **Principes.** — 94. La voyelle *o* se prononce GRAVE et LONGUE quand elle est suivie dans la même syllabe d'une consonne ou quand la syllabe qui suit commence par un double *r*. Ex. *Or, mort, essor, horrible.*

95. L'*o* AIGU et LONG s'écrit avec un accent circonflexe, *dôme, prône*, il *ôte, impôt*, ou par l'équivalent *au* : l'*aube, étau, marteau*.

96. L'*o* est BREF, AIGU OU MOYEN, quand il est suivi d'une double consonne autre que *r*. Ex. *Bonne, folle*, etc.

97. La voyelle *eu* est GRAVE et LONGUE lorsqu'elle est suivie d'un *r* appartenant à la même syllabe : *peur, meurtre*,

VI. **Devoir par écrit.** — 1° Mettre par ecrit le premier exercice d'application et d'invention en indiquant les voyelles longues par le signe —, les voyelles brèves par le signe ˘ , les voyelles graves par un *g*, et les voyelles aiguës par un *a*.

2° Trouver et écrire dix à quinze mots présentant l'exemple de l'emploi, 1° de l'*o* long et aigu ; 2° de l'*o* grave et long; 3° de l'*o* moyen ou bref; 4° de *eu* grave et long ; 5° de *eu* bref, aigu ou moyen.

Les élèves pourront reproduire les exemples indiqués en classe dans le 2e exercice, ou ceux qu'ils trouveront eux-mêmes.

3° Faire la notation des phrases suivantes au moyen des signes convenus.

1. En prenant un air évaporé craignez de jouer le rôle d'une folle. — 2. La fortune ôte aux uns ce qu'elle donne aux autres. — 3. L'arome des fleurs est l'odeur embaumée qu'elles exhalent. — 4. Le chœur de cette église est surmonté d'un dôme. — 5. L'homme ne connaît pas l'avenir comme il connaît le passé. — 6. Les mauvais livres corrompent à la fois le cœur et les mœurs.

CHAPITRE III

VINGT-QUATRIÈME LEÇON.

DOUBLES CONSONNES.

I. **Récapitulation.** — Combien distingue-t-on d'espèces de consonnes, et quelles sont-elles? Qu'est-ce que les consonnes simples?

II. **Exposition.** — On trouve fréquemment les consonnes simples redoublées dans l'écriture des mots. Il faut donc apprendre quand ce redoublement doit avoir lieu, et quel effet il produit sur la prononciation. Lisez avec attention le tableau qui suit :

(*alle*)	*elle*	(*ille*)	(*olle*)
Balle,	ficelle,	ville,	molle.
(*amme*)			*omme*
Flamme,			homme,
(*anne*)	*enne*		*onne*
Canne,	vienne,		bonne.
(*arre*)	*erre,*		
Barre,	terre,		
(*atte*)	*ette*	(*utte*)	(*otte*)
Latte,	lancette,	lutte,	botte.

Le maître s'attache à faire prononcer avec netteté les mots du tableau, et conduit les élèves à faire les observations suivantes :

1° Les dernières syllabes de tous ces mots présentent une double consonne et forment ce qu'on nomme les DÉSINENCES ou les terminaisons des mots.

2° La double consonne a pour résultat de rendre brève la voyelle qui précède, excepté le double *rr* devant lequel la voyelle reste au contraire grave et longue : *guerre, barre.*

3° Dans les terminaisons où la double consonne est précédée d'un *e*, cet *e* devient grave bien qu'il ne soit pas surmonté de l'accent qui le caractérise : *belle, chienne, verre, noisette.*

4° Les terminaisons qui sont placées entre parenthèses, *alle, ille, olle, amme, anne, arre, atte, utte, otte,* ne sont pas d'un emploi aussi général que les autres. On les rencontre souvent écrites avec une seule consonne : *pâte, vile, console, dame, chicane, rare, côte, flûte.* Mais on voit que la voyelle se prononce alors d'une manière plus longue et plus grave.

5° Il ne faut pas confondre la double consonne *ll* dans *ville, mille,* etc., avec la consonne composée *ill,* dans *famille, charmille,* etc.

6° Les doubles consonnes s'emploient surtout à la suite des voyelles brèves, et ont pour effet de les rendre telles.

Le maître exerce les elèves à répondre aux questions suivantes :

Que faut-il entendre par les désinences ou les terminaisons des mots? Quel effet produit la double consonne sur les voyelles qu'elle précède? Quelle observation y a-t-il à faire sur les desinences où la double consonne est précédée d'un *e?* Quelles sont les terminaisons qui présentent le plus fréquemment l'emploi d'une double consonne? Quelle remarque y a-t-il à faire sur les terminaisons en *ille?*

III. **Exercices d'application et d'invention.** — 1° Chercher des mots sur chacune des terminaisons indiquées dans le tableau comme étant plus générales.

elle.

Noms La chapelle, la querelle, la selle, la bretelle [1].
Adject. Belle, naturelle, nouvelle, une querelle criminelle.
Verbes. J'appelle, je chancelle, je querelle, tu attelles.

1. Le maître s'attachera a faire observer, dans la recherche des mots, l'ordre que nous avons suivi, c'est-à-dire a chercher et à écrire d'abord les noms, puis les adjectifs, et ensuite les verbes. Les enfants seront exercés par là a pratiquer ces distinctions de routine jusqu'à ce qu'ils les apprennent théoriquement dans les leçons de grammaire qui vont suivre. Toutefois le maitre pourrait, en leur apprenant les mots de *noms, adjectifs* et *verbes,* leur expliquer brièvement la différence qui existe entre ces

enne.

Noms. Une chienne, une étrenne, la garenne.
Adject. Musicienne, chrétienne, une antienne ancienne.
Verbes. Que je vienne, que je tienne, que je prenne.

ette.

Noms. La banquette, la casquette, la navettte.
Adject. Seulette, proprette, joliette; une assiette nette.
Verbes. Je jette, je cachette, je fouette, tu jettes.

onne.

Noms. Une lionne, la couronne, la colonne.
Adject. Mignonne, friponne, poltronne; une bonne personne.
Verbes. Je donne, je tonne, il tonne, tu donnes.

ommes.

Noms. La pomme, un homme, la gomme, une somme.
Verbes. Je nomme, tu assommes, il consomme.

2° Répéter avec les mots *je*, *tu*, *il* ou *elle*, *ils* ou *elles*, conformément au modèle ci-dessous indiqué, les mots ou les verbes suivants.

J'épelle une leçon,	je bottelle du foin.
Je caquette,	je rejette.
Que je prenne.	que je tienne.
Je fouette,	je projette.
Je couronne,	je festonne.

J'appelle, tu appelles, il ou elle appelle.
Les enfants appellent, les mères appellent.
Que je tienne, que tu tiennes, qu'il ou qu'elle tienne.
Que les frères tiennent, que les sœurs tiennent.

IV. **Questionnaire.** — 98. Qu'est-ce que les doubles consonnes? — 99. Quel est l'effet des doubles consonnes dans la prononcia-

---

espèces de mots; il appellera l'attention sur la répétition du même mot avec *je*, *tu*, *il* ou *elle*, et exercera les élèves à répéter d'autres verbes avec ces formes, ce qui les prépare pratiquement à conjuguer. Il leur fera enfin remarquer le changement de terminaison du mot ou du verbe placé après *tu* ou après *ils* ou *elles*. Il les préviendra encore que le redoublement de la consonne n'est pas général dans les terminaisons, et qu'il arrive que l'*e*, au lieu d'être suivi d'une double consonne *ll*, *nn*, *rr*, *tt*, est seulement surmonté d'un accent circonflexe *je harcèle*, *je mène*, *je considère*, *j'achète*, etc.

tion? — 100. Quelles sont les consonnes qui se doublent le plus ordinairement dans les syllabes finales?

V. **Principes.** — 98. On appelle DOUBLES CONSONNES le redoublement d'une consonne dans la même syllabe.

99. Les doubles consonnes ont pour effet de rendre brève la voyelle qui les précède, à l'exception de *r* dont le redoublement rend au contraire le voyelle grave et longue.

100. Les doubles consonnes s'emploient donc de préférence après les voyelles brèves et faibles. Le redoublement de la consonne a surtout lieu dans les terminaisons en *elle*. *enne, ette* et *onne*, quelquefois seulement dans les terminaisons en *alle*, *amme, appe*, *arre, atte*, *olle, otte*, et rarement dans les terminaisons en *utte* et en *ille*, qu'il ne faut pas confondre avec la consonne composée *ill*.

VI. **Devoir par écrit.** — 1° Trouver neuf à douze mots présentant l'exemple de l'emploi de la double consonne dans les terminaisons en *elle*, *enne, ette*, *onne*.

elle.

Noms. La nacelle, la cervelle, la semelle, la parcelle.
Adject. Cruelle, formelle, partielle, rebelle, mortelle.
Verbes. Je selle, je dételle, je renouvelle, j'épelle.

enne.

Noms. L'indienne, le renne, la garenne, l'antenne.
Adject. Italienne, païenne, parisienne, magicienne.
Verbes. Qu'il surprenne, qu'il soutienne, qu'il entretienne.

ette.

Noms. La dette, la casquette, la galette, la piquette.
Adject. Coquette, gentillette, follette, sujette.
Verbes. Je rejette, tu projettes, il s'endette.

onne.

Noms. Lisbonne, la nonne, une tonne, personne.
Adject. Bretonne, baronne, bouffonne, vigneronne.
Verbes. J'ordonne, je moissonne, il sonne, il bourdonne.

2° Mettre par écrit le second exercice d'invention et d'application.

3° Trouver de neuf à dix mots présentant l'exemple de la double consonne dans les terminaisons en *alle, amme*, *appe, arre, atte, olle, otte, utte, ille,* et trois à six s'écrivant par une consonne simple dans chacune de ces terminaisons.

Dalle, halle, malle, salle; — gamme, gramme, programme, épigramme; — grappe, nappe, il échappe; — barre, bagarre, Navarre; — chatte, latte, jatte, natte; — colle, folle, une pâte molle[1]; — botte, motte, marmotte; — butte, hutte[2]; — ville, Achille, pupille, tranquille.

Cigale, finale, ovale, scandale; — dame, rame, trame, réclame; — chape, étape, soupape, attrape; — avare, fanfare, mare, rare; — aromate, cravate, pirate, ingrate; — coupole, frivole, console, obole; — note, pelote, patriote, redingote; — brute, chute, dispute, minute; — agile, asile, facile, reptile.

4° Faire précéder des petits mots *je, tu, il* ou *elle, ils* ou *elles* les verbes suivants.

Je renouvelle les provisions, je nivelle le terrain.
Je feuillette le livre j'étiquette les graines.
Que je contienne l'ardeur, que je vienne demain.
Je pardonne une injure, je sonne la prière.

VINGT-CINQUIÈME LEÇON.

DOUBLES CONSONNES INITIALES.

I. **Récapitulation.** — Après quelle espèce de voyelles redouble-t-on ordinairement la consonne? Quelles sont les consonnes qui se doublent le plus souvent? Donnez-en des exemples.

II. **Exposition.** — Nous avons vu dans la leçon précédente que certaines consonnes se doublent parfois dans les syllabes finales, c'est-à-dire dans les syllabes qui terminent les mots.

Les consonnes peuvent se doubler aussi dans les syllabes initiales, c'est-à-dire dans les syllabes qui commencent le

---

1. Ces trois mots et ceux qui suivent, *il colle, il décolle, il recolle*, sont les seuls de cette terminaison qui prennent le double *ll*. Le maître avertira les élèves que tous les autres s'écrivent par un seul *l*.

2. Même remarque sur ces deux mots qui prennent seuls un double *tt*.

mot. Il faut donc étudier quand ce doublement doit avoir lieu, afin de l'observer en écrivant les mots qui le demandent. Examinez le tableau suivant.

	a	*e*	*i*	*o*	*u*
C	Accomplir,	»	»	occasion,	succomber.
F	Affaiblir	effacer,	différer,	offensé,	suffire.
L	Alléguer,	»	i*ll*uminer,	co*ll*ection,	souffrir.
M	»	»	i*mm*aculé,	co*mm*unier	»
N	A*nn*oter,	»	i*nn*ombrable,	connivence,	»
P	Apporter,	»	»	opposer,	supplanter.
R	Arracher,	»	i*rr*iter,	correspondre.	»
T	Attendre,	»	»	»	»

Le maître fait lire le tableau ligne par ligne, en veillant à ce que les élèves prononcent bien chaque mot et fassent sentir la double consonne dans ceux où elle doit être indiquée. (Ces doubles consonnes sont écrites en italiques dans le tableau.)

Par ses explications et ses questions il amène les élèves à formuler les observations suivantes, tout en les prévenant que ces règles sont sujettes à quelques exceptions :

1° C se double dans les syllabes qui commencent par *ac, oc, suc.*

2° F se double dans les syllabes qui commencent par *af, ef, if, of, suf, souf.*

3° L se double dans les syllabes qui commencent par *al, il, col.*

4° M se double dans les syllabes qui commencent par *im, com.*

5° N se double dans les syllabes qui commencent par *an, in, con.*

6° P se double dans les syllabes qui commencent par *ap, op, sup.*

7° R se double dans les syllabes qui commencent par *ar, ir, cor.*

8° T se double dans les syllabes qui commencent par *at*[1].

III. **Exercices d'application et d'invention.** — 1° Chercher

1. Les maîtres pourront consulter pour le développement de ces principes et pour les exceptions, le *Cours complémentaire de langue française.*

et écrire huit à dix mots présentant l'exemple de l'emploi du redoublement de *c*, *f*, *l*, *m*, *n*, *p*, *r*, *t*.

C. Accompagner, accroître, accabler, accuser, occuper, occurrence, occulte, succomber, succursale, succulent.

F. Affliger, affaire, affection, affermer, affranchir, effleurer, effaroucher, effigie, efficace, effilé, difficile, difforme, diffus, suffoque, suffrage, souffler, souffrir.

L. Alléguer, allié, allocation, allonger, illettré, illustré, illogique, illuminé, collaborateur, collége, colloque, collatéral.

M. Immense, immortel, immuable, immérité, immonde, commode, commotion, commander, commun.

N. Annexer, annoncer, annuler, inné, innocent, innombrable, innover, connu, connexion, connivence.

P. Appartenir, apparaître, appui, apprendre, apposer, opprimer, opportun, suppléer, supposer, supprimer.

R. Arroser, arrondir, arranger, arriver, irradier, irrationnel, irréprochable, irrégulier, corriger, corrélatif, corrompre.

T. Atteler, attacher, attiédir, attraction, attitude, attrait, attirer, attaquer, atteindre, attenir, attention.

Le maître exerce les élèves à trouver les mots qui sont formés d'autres mots par le changement de la terminaison. Ainsi, il leur fait voir que le mot *accompagner* sert à former *accompagnement*, qui présente les mêmes syllabes hormis celles de la fin ou de la terminaison. Il leur fait voir encore que le mot *accuser* forme de la même manière les mots *accusateur*, *accusation*, *accusé*, etc.

2° Chercher les mots qui sont formés de ceux de la liste suivante par le changement de la terminaison.

Accompagner, accroître, accabler, accuser, occuper, occasion ; —affliger, affranchir, efficace, difficile, — allié, allonger, collége,— immense, commode, commander, —annoncer, innocent, innover, — apparaître, opprimer,— arroser, corriger, —attacher, attraction, attaquer.

Exemples. *Souffler, souffle, soufflet, souffleur, souffleter.*

C. Accompagner, *accompagnement*, *accompagnateur* — Accroître, *accroissement*. — Accabler, *accablement*, *accablant*. — Accuser, *accusation*, *accusateur*, *accusable*. — Occuper, *occupation*, *occupant*. — Occasion, *occasionner*, *occasionnel*, *occasionnellement*.

F. Affliger, *affliction*, *affligeant*. — Affranchir, *affranchis-*

sement, affranchi. — Efficace, *efficacité, efficacement.* — Difficile, *difficulté, difficilement, difficultueux.*

L. Allié, *alliance, alliage, allier, alliable.* — Allonger, *allongement, allonge.* — Collége, *collégial, collection, collecteur.*

M Immense, *immensité, immensément.* — Commode, *commodité, commodément.* — Commander, *commandement, commandant, commandeur, commandite,* etc.

N. Annoncer, *annonciation, annonce.* — Innocent, *innocence, innocemment, innocenter.* — Innover, *innovation, innovateur.*

P. Apparaître, *apparence, apparition, apparent, appariteur, apparemment.* — Opprimer, *oppression, oppresseur, oppressif.*

R. Arroser, *arrosage, arroseur, arrosoir, arrosement.* — Corriger, *correction, correcteur, corrigible, correct, correctement, correctionnel, correctionnellement.*

T. Attacher, *attachement, attache.* — Attraction, *attrait, attractif, attirer.* — Attaquer, *attaque, attaquable.*

IV. **Questionnaire.** — 101. Quelles sont les consonnes qui se doublent au commencement et dans le corps des mots, et dans quelles circonstances ce doublement doit-il avoir lieu?

V. **Principes.** — 101. Les consonnes E, F, L, M, N, P, R, se doublent souvent au commencement et dans le corps des mots, savoir :

c dans les syllabes qui commencent par *ac, oc, suc.*
f dans les syllabes en *af, ef, of, suf, souf.*
l dans les syllabes en *al, il, col.*
m dans les syllabes en *im, com.*
n dans les syllabes en *an, in, con.*
p dans les syllabes en *ap, op, sup.*
r dans les syllabes en *ar, ir, or.*
t dans les syllabes en *at.*

VI. **Devoir par écrit.** — 1° Mettre par écrit l'exercice d'application, c'est-à-dire trouver et écrire huit à dix mots présentant l'exemple du doublement de chacune des consonnes suivantes : *e, f, l, m, n, p, r, t.*

2° Mettre par écrit le second exercice d'application et d'invention.

3° Même recherche sur les mots suivants :

C. Accorder, *accord*, *accordeur*. — Accaparer, *accaparement*, *accapareur*.

F. Affaiblir, *affaiblissement*, *affaiblissant*, *affaibli*. — Effronterie, *effronté*, *effrontément*.

L. Allumer, *allumette*, *allumeur*. — Coller, *colle*, *collage*, *colleur*.

M. Immobile, *immobilité*, *immobiliser*, *immobilisation*. — Commercer, *commerce*, *commerçant*, *commercial*. — Commencer, *commencement*, *commençant*.

N. Connu, *connaître*, *connaissance*, *connaisseur*. — Année, *annal*, *annuel*, *annuellement*, *annuité*, *annuaire*.

P. Appartenir, *appartenant*, *appartenance*. — Appareiller, *appareil*, *appareillage*, *appareilleur*.

R. Arrêter, *arrêt*, *arrêté*, *arrestation*. — Arracher, *arrachement*, *arrachage*, *arracheur*.

T. Attribuer, *attribut*, *attribution*, *attributif*. — Attention, *attentif*, *attentivement*, *attendre*, *attente*.

4° Écrire avec la notation des équivalents et des doubles consonnes un passage indiqué dans un des livres de lecture ou de récitation entre les mains des élèves.

Les équivalents seront indiqués par les lettres *éq*, suivies de la voyelle ou de la consonne que l'équivalent remplace. Souligner les doubles consonnes.

VINGT-SIXIÈME LEÇON.

CONSONNES MUETTES AU COMMENCEMENT ET DANS LE CORPS DES MOTS. H ASPIRÉ ET H MUET.

I. **Récapitulation.**— Vous avez vu que les voyelles comme les consonnes représentent chacune un son qui leur est particulier et ont une valeur qui leur est propre. Vous avez vu encore que quelques-unes de ces voyelles ou de ces consonnes sont remplacées en certaines circonstances par des équivalents que vous avez appris à connaître. Vous avez vu de plus que certaines lettres peuvent même changer de valeur en se combinant entre elles. Ainsi l'*a* et l'*u*, qui ont chacun leur son propre, le perdent complétement lorsqu'en s'unissant ils forment la voyelle *au*, équivalent de *o*. Vous avez vu encore que dans les syllabes où il se trouve une double consonne, il arrive souvent qu'on n'en prononce qu'une et que la seconde n'a aucune valeur dans la prononciation. Il y a d'autres lettres dont on ne tient également aucun compte dans la prononciation et qui paraissent ainsi superflues. Comme ce serait une faute de les omettre dans l'écriture, il importe, comme vous le voyez, de connaître le mieux possible quand il faut employer ces lettres que la prononciation n'indique pas et que leur rôle muet a fait nommer LETTRES MUETTES OU SUPERFLUES.

N'y a-t-il pas des syllabes où la double consonne se prononce comme une consonne simple et dans lesquelles une des consonnes reste muette?

II. **Exposition**. — Examinez le tableau suivant :

1. *S*ceau, *s*célérat, *s*cène, *s*cier, *s*cience, di*s*cerner, di*s*ciple, su*s*ceptible.
2. Ba*p*tême, com*p*te, exem*p*tion, prom*p*titude.
3. San*g*sue, si*g*net, doi*g*té, auto*m*ne, da*m*né, mo*n*sieur.
4. L'*h*abit, l'*h*erbe, l'*h*iver, l'*h*omme, l'*h*umidité.
5. T*h*é, t*h*éâtre, t*h*éologie, t*h*ym, at*h*ée, c*h*aos, éc*h*o, c*h*œur, c*h*rétien, c*h*rysalide, ca*h*ot, co*h*abiter, co*h*orte, co*h*éritier.
6. La haine, la haie, le haillon, la halte, le hameau, le hangar, le hareng, la harpe, le hasard, la houe, le houblon, la houille, le houx, la housse, la hure, le hussard, la huche.
7. Trahir, cohue, bahut, prohibe.

Le maître lit et prononce avec soin chaque ligne du tableau. Il les fait lire ensuite par les élèves en corrigeant leur prononciation quand ils se trompent, et les amène par ses questions à faire les remarques suivantes :

1° Dans les mots du n° 1, le *c* qui est toujours suivi d'un *e* ou d'un *i* est précédé d'un *s* qui ne se prononce pas et qu'on appelle MUET.

2° Le *p* qui se trouve dans les mots du n° 2 est nul dans la prononciation de même que les *g*, *m* et *n soulignés* dans les mots du n° 3.

3° La lettre *h* dans tous les mots des n°s 4 et 5 est *muette* et de nulle valeur dans la prononciation. On pourrait en effet la retrancher sans qu'il en résultât aucun changement dans la manière de syllaber et de prononcer le mot.

Le maître leur fait faire cette expérience soit pour les mots qui commencent par un *h*, soit pour ceux ou cette lettre *h* se trouve dans le corps du mot; puis il passe a la lecture des mots des numéros 6 et 7, en faisant prononcer fortement et avec aspiration la voyelle qui suit la lettre *h*. Il fait remarquer que, dans les mots du numero 6, la lettre *h* empêche de remplacer par une apostrophe, comme dans les mots du numero 4, la dernière lettre du petit mot qui precède la lettre *h*. Ainsi on écrit *l'herbe* pour *la herbe*, tandis qu'on écrit *la haine* et non *l'haine*. L'*h* remplit donc ici une fonction spéciale, c'est l'*h aspiré* qu'on a déja étudie avec les signes orthographiques (leçon 10e).

Le maître montre encore que dans les mots du numéro 7 la lettre *h* remplit aussi un rôle positif, en faisant prononcer separément les deux voyelles entre lesquelles elle se trouve, lesquelles sans cela se réuniraient pour former une voyelle composée. Il fait voir en effet que si l'on supprimait l'*h* de *trahir, bahut, cohue,* ces mots perdraient par là même une syllabe et se prononceraient *trair, baut, coue.*

4° Dans les mots des n°s 5 et 6, la lettre H joue le rôle d'une consonne en empêchant les voyelles entre lesquelles elle se trouve de se réunir et en les faisant prononcer séparément.

Qu'est-ce qu'une *lettre muette*? Quelles sont les *consonnes muettes* que vous remarquez dans le n° 1? dans le n° 2? dans le n° 3? dans les n°s 4 et 5? après quelle lettre doit-on surtout employer l'*h* muet? La lettre *h* qui se trouve dans les mots des n°s 5 et 6 est-elle muette aussi? Pourquoi ne l'est-elle pas?

III. **Exercices d'application et d'invention.** — 1° Chercher et écrire une dizaine de mots qui présentent l'exemple de *s* et de *p* muets.

Sciage, conscience, scission, prescience, discipline, scinder, ascension. sceller, abscission, Scythe, temps, champ, camp, comptabilité.

Une dizaine de mots qui présentent l'exemple de l'*h* muet au commencement des mots,— après le *t* ou le *c*,— entre deux voyelles.

L'humanité, l'humilité, l'habileté, l'hameçon, l'historien, l'heure, l'horreur, l'humeur.

Théière, théocratie, apothéose, Panthéon, éther, cathédrale, orthodoxe, these, Thérèse, thermes.

Christ, choriste, échométrie, isochrone, chrome, dichotome, choral, chorégraphe, chronologie.

Mahométan, cohésion, Mahon, s'aheurter, bohémien, annihiler, Cahors, cohérence, cohésion.

Une dizaine de mots qui présentent l'emploi de l'*h* aspiré au commencement ou dans le corps des mots.

La hache, le hâbleur, la haire, le hâle, la halle, la hanche, le hanneton, la harangue, la hauteur, la houppe, la houle, la houssine, la huppe, le héron, le hangar.

Cahutte, ahurir, cahier, trahison, cahot.

Le maître engagera les éleves à chercher eux-mêmes quelques-uns de ces mots. Il arrivera que plusieurs indiqueront des mots où l'*h* appartient à la consonne composée *ch*, comme dans *mouche, charité*. Il relèvera cette erreur et en profitera pour leur faire remarquer la différence qu'il faut mettre entre l'*h* appartenant à la consonne composée *ch*, et l'*h* isolé qui est tantôt *muet* et tantôt *aspiré*.

Il leur fera remarquer aussi que l'*h* est aspiré dans la plupart des mots qui commencent par *ha*, à l'exception de *habit, habiter, habile*, et dans ceux qui commencent par *hou* et par *hu*, tandis que l'*h* est muet dans la plupart des mots qui commencent par *he*, par *hi* et par *hom* ou *hou*, et les engagera à chercher leurs exemples d'après ces observations générales. Du reste, il ne s'agit pas d'approfondir, dans ce cours élementaire, les difficultés qui seront étudiees en leur temps avec plus de détails. Il suffit d'eveiller l'attention des elèves, de donner une bonne direction à leur travail, et de les mettre à même de reconnaître et d'observer la nature de chaque lettre lorsqu'ils la rencontreront dans la pratique.

2° Il les exerce à tracer le tableau suivant de l'emploi d'un verbe à ses différentes personnes, et à expliquer les raisons pour lesquelles on supprime ou on conserve l'*e* des pronoms qui précèdent les verbes, comme celles pour lesquelles on fait ou on ne fait pas la liaison entre les pronoms et les verbes.

Je flatte, tu flattes, il flatte.
Nous flattons, vous flattez, ils flattent.
Je heurte, tu heurtes, il heurte.
Nous heurtons, vous heurtez, ils heurtent.

J'écoute, tu écoutes, il écoute.
Nous écoutons, vous écoutez, ils écoutent.
J'honore, tu honores, il honore.
Nous honorons, vous honorez, ils honorent.
Je me flatte, tu te flattes, il se flatte.
Nous nous flattons, vous vous flattez, ils se flattent.
Je me heurte, tu te heurtes, il se heurte.
Nous nous heurtons, vous vous heurtez, ils se heurtent.
Je m'écoute, tu t'écoutes, il s'écoute.
Nous nous écoutons, vous vous écoutez, ils s'écoutent.
Je m'honore, tu t'honores, il s'honore.
Nous nous honorons, vous vous honorez, ils s'honorent.

IV. **Questionnaire.** — 102. Qu'appelle-t-on lettres muettes? — 103. Quelles sont les consonnes qui restent quelquefois muettes au commencement et dans le corps des mots. — 104. En quoi l'*h* muet diffère-t-il de l'*h* aspiré?

V. **Principes.** — 102. On appelle lettres MUETTES des lettres dont on ne tient aucun compte dans la prononciation et la syllabation, et que l'on ne saurait cependant supprimer sans manquer à l'orthographe.

103. Les consonnes que l'on trouve quelquefois muettes sont: *s* surtout au commencement, devant un *c* ou un *ch* suivi de *e* ou de *i*, *scie*, *sceller*, *p* et *g* dans le corps des mots : *comptable*, une *vingtaine*.

104. L'H MUET diffère de l'H ASPIRÉ, en ce que ce dernier représente une articulation et joue le rôle d'une véritable consonne, tandis que l'*h muet* ne compte pour rien et ne produit aucun effet dans la prononciation et la syllabation.

VI. **Devoir par écrit.** — 1° Faire par écrit le premier exercice d'application et d'invention.

2° Mettre par écrit le second exercice d'application.

3° Employer les mots suivants dans les formes exposées au second exercice d'application et d'invention.

J'observe, (tu observes, il observe; nous observons, vous observez, ils observent).

Je fatigue (tu fatigues, etc.), — j'humilie; — je hasarde.

Je m'observe (tu t'observes, il s'observe, nous nous observons, vous vous observez, ils s'observent).

Je me fatigue (tu te fatigues, etc.); — je me hasarde; — je m'humilie.

4° Même travail sur les mots suivants :

J'arrête, je change, j'habitue, je hâte.
Je m'arrête, je me change, je m'habitue, je me hâte.

VINGT-SEPTIÈME LEÇON.

VOYELLES MUETTES AU COMMENCEMENT OU DANS LE CORPS DES MOTS.

I. **Récapitulation.** — Qu'est-ce que les lettres muettes? Quelles sont les lettres muettes que nous avons passées en revue dans la dernière leçon?

II. **Exposition.** — Nous nous sommes occupés dans la dernière leçon des consonnes muettes qui se rencontrent plus fréquemment au commencement et dans le corps des mots. Nous allons étudier aujourd'hui les voyelles muettes qui figurent dans le mot écrit sans figurer dans la prononciation. Lisez le tableau suivant :

1. A *A*oût, S*a*ône, to*a*st, t*a*on, r*a*out.
2. I O*i*gnon, enco*i*gnure.
3. O Pa*o*n, fa*o*n, La*o*n.
4. E Ca*e*n, enjou*e*ment, enrou*e*ment, aboi*e*ment, remerci*e*ment, tutoi*e*ment, gai*e*ment.
5. J'oubli*e*rai, tu oubli*e*ras, il oubli*e*ra, nous oubli*e*rons, vous oubli*e*rez, ils oubli*e*ront.
6. J'aboi*e*rai, tu aboi*e*ras, il aboi*e*ra, nous aboi*e*rons, vous aboi*e*rez, ils aboi*e*ront. Je vou*e*rai, — j'éternu*e*rai, etc.

Le maître prononce d'abord lui-même et fait ensuite prononcer avec soin aux élèves les mots de chaque ligne. Il les amène ainsi à faire les observations suivantes :

A reste muet dans les mots du n° 1, I dans les mots du n° 2, O dans ceux du n° 3. Dans les mots du n° 4, E est muet dans les mots terminés en *aiement*, *oiement*, *iement ouement*, et dans ceux terminés en *ierai, oyerai, ouerai, uerai.*

Quelles sont les voyelles muettes dans les mots du n° 1 ? du n° 2 ? du n° 3 ? Comment se trouve accompagné l'*e* dans les mots où il figure comme lettre muette ?

Le maître appelle ici l'attention des élèves sur les exemples 5 et 6. Il leur fait remarquer que dans le numéro 5 le mot *oublierai* est répété avec les petits mots *je, tu, il* ou *elle, nous, vous, ils* ou *elles*; mais que sa terminaison, c'est-à-dire ses dernières lettres, changent avec chacun de ces mots. Il s'attache à leur bien faire remarquer chacune de ces terminaisons; puis il passe aux exemples du numéro 6 où il leur montre la répétition du mot *aboierai* avec les mêmes petits mots et des terminaisons semblables.

III. **Exercices d'application et d'invention.** — 1° Chercher et écrire des mots qui présentent l'exemple de l'emploi de *i* comme lettre muette.

Le nettoi*e*ment, l'atermoi*e*ment, le foudroi*e*ment, le licenci*e*ment, le gré*e*ment.

2° Ajouter les petits mots *je, tu, il, nous, vous, ils* ou *elles* aux verbes suivants, en n'oubliant pas l'*e* muet et en donnant au verbe la terminaison qui convient après chacun des mots indiqués et conformément au modèle donné plus haut.

Crier, je crierai, tu crieras, etc., — étudier, j'étudierai, — employer, j'emploierai, — tuer, je tuerai, — jouer, je jouerai.

IV. **Questionnaire.** — 105. Quelles sont les voyelles que l'on rencontre quelquefois employées comme lettres muettes au commencement et dans le corps des mots ? — 106. Dans quelles circonstances rencontre-t-on la voyelle *e* figurant comme lettre muette ?

V. **Principes.** — 105. On trouve quelquefois les voyelles A, I, et O employees comme lettres muettes au commencement ou dans le corps des mots.

106. La voyelle E figure comme lettre muette dans les mots terminés en *aiement*, *iement*, *oiement*, *ouement*, et dans ceux terminés en *aierai, ierai, oierai, ouerai, uerai.*

VI. **Devoir par écrit.** — 1° Mettre par écrit les exercices d'application.

2° Faire passer les verbes suivants par toutes les formes indiquées dans les exercices en les faisant précéder des mots *je, tu, il, nous, vous, ils* ou *elles*.

Délier un nœud, je délierai...
Broyer des couleurs, je broierai...
Louer le mérite, je louerai...
Contribuer à la dépense, je contribuerai...
Saluer un vieillard, je saluerai.
Nettoyer la maison, je nettoierai

VINGT-HUITIÈME LEÇON.

LETTRES MUETTES FINALES. — FINALES DÉRIVATIVES.

I. **Récapitulation.** — Qu'entend-on par lettres muettes? Où se trouvaient placées dans le mot les lettres muettes que nous avons étudiées dans la leçon précédente?

II. **Exposition.**

1.	Banc	franc	ron*d*	bon*d*	C,D
	ban*qu*ette,	fran*ch*ise,	arron*d*ir,	bon*d*ir.	
2.	Ner*f*	naïf	poing	lon*g*	F,G
	ner*v*eux,	naïve,	poi*gn*et,	lon*gu*eur.	
3.	Fusi*l*	gri*l*	cam*p*	galo*p*	L,P
	fusi*ll*er,	gri*ll*er,	cam*p*er,	galo*p*er.	
4.	Abu*s*	ama*s*	rebu*t*	argen*t*	S,T
	abu*s*er,	ama*ss*er,	rebu*t*er,	argen*t*é.	
5.	Choi*x*	jalou*x*	dangereu*x*	heureu*x*	X
	choi*s*ir,	jalou*s*e,	dangereu*s*e,	heureu*s*e.	

Le maître fait lire les deux premieres lignes; il montre à l'éleve que les mots de la ligne inférieure sont formés des mots correspondants de la ligne supérieure et qu'ils en ont pris le sens.

M. De quel mot est formé *banquette*? — *E*. Du mot *banc*. — *M*. Que veut-il dire? — *E*. Petit banc. — *M*. De quel mot est formé *franchise*? — *E*. Du mot *franc*. — *M*. Que signifie-t-il? — *E*. La qualité que l'on a lorsqu'on est franc.

— *M.* Que veut dire *arrondir?* — *E.* Amener une forme quelconque à celle d'un *rond.* — *M.* De quel mot ce mot est-il formé? — *E.* Du mot *rond.*

Mêmes questions sur le mot *bondir.*

M. Les mots *banquette, franchise, arrondir, bondir,* sont appelés les *dérivés* des mots *banc, franc, rond, bond* dont ils sont formés et dont ils prennent la signification. — Qu'appelle-t-on *dérivés* d'un mot? — *E.* Les *dérivés* d'un mot sont tous les mots qui en sont formés et qui en tirent leur signification.

M. D'un autre côté les mots *banc, franc, rond, bond* sont appelés *primitifs,* quand on les considère comme formant des dérivés. Qu'appelle-t-on *primitifs?* — *E.* On appelle *primitifs* les mots qui forment des dérivés.

M. Relisez les primitifs de la première ligne : *banc, franc,* etc. Comment sont-ils tous terminés? — *E.* Par une lettre muette, *c* pour les deux premiers, *d* pour les autres. — *M.* Lisez les dérivés... Quelle consonne trouvez-vous à la place du *c,* au commencement de la syllabe ajoutée au primitif pour former le dérivé? — *E.* Un *ch* ou un *qu* : *franchise, banquette.* — *M.* Et au commencement de la syllabe ajoutée aux primitifs terminés par un *d* muet? — *E.* Un *d.* — *M.* Ne pourriez-vous donc pas deviner la lettre muette qui doit terminer un primitif, en examinant la consonne qui commence la syllabe ajoutée au primitif pour former le dérivé? — *E.* Oui. — *M.* Dans quel cas le primitif doit-il être terminé par un *c* muet? — *E.* Quand on trouve un *qu* ou un *ch* dans le dérivé. — *M.* Pourquoi dites-vous cela? — *E.* Parce que *banc* et *franc* qui ont un *c* final muet ont pour dérivés *banquette, franchise* où l'on trouve un *qu* ou *ch.* — *M.* Dans quel cas le primitif doit-il être terminé par *d* muet? — *E.* Quand on trouve *d* dans les dérivés. — *M.* Comment le savez-vous? — *E.* Je vois que *rond* et *bond* qui sont terminés par un *d* muet ont pour dérivés *arrondir* et *bondir* où l'on trouve un *d.*

Le maître fait lire successivement les lignes suivantes, deux par deux, et par ses questions, amène l'élève à reconnaître que l'on termine :

Par *f* ou *g* les mots dans les dérivés desquels on trouve *v*, *gu* ou *gn*;

Par *l* ou *p* ceux dans les dérivés desquels on trouve *ill* ou *p*;

Par *s*, *t*, ceux dans les dérivés desquels on trouve *s*, *t*;

Par *x*, ceux dans les dérivés desquels on trouve *s*.

Il fera remarquer que la lettre *s* dans le dérivé indique, dans le primitif, tantôt la lettre muette *s*, tantôt la lettre muette *x*. A ce sujet, il avertira les élèves que le *x* se trouve toujours à la fin des mots en *eu* et en *ou* qui désignent une *qualité*, comme *heureux*, *jaloux*, etc., et à la fin de quelques mots seulement qui désignent *une personne ou une chose*, comme l'*époux*, la *croix*, le *prix*, etc.

Récapitulons toutes ces observations.

1° Les mots de la première ligne sont terminés par un c ou un D muets. Les mots de la seconde ligne sont formés des mots de la première ; ils en sont les DÉRIVÉS et ont un *qu* ou un *c*, ou bien un *d* dans la syllabe ajoutée aux mots correspondants de la première ligne.

2° Les mots de la première ligne sont terminés par F ou G muets et leurs *dérivés* dans la seconde ligne s'écrivent par *v* et par *g*.

3° Les mots de la première ligne sont terminés par L ou P muets, et leurs dérivés dans la seconde ligne s'écrivent avec l'une ou l'autre de ces lettres.

4° Les mots de la première ligne sont terminés par S ou T muets, et les dérivés qui leur correspondent dans la deuxième ligne s'écrivent avec un *s* ou un *t*.

5° Les mots de la première ligne sont terminés par un *x* muet, et les dérivés qui leur correspondent dans la deuxième s'écrivent par un *s*.

Les mots des deuxièmes lignes s'appellent des DÉRIVÉS parce qu'ils dérivent en effet des mots des premières.

III. **Exercices d'application et d'invention.** — 1° Exercer les élèves à découvrir les consonnes muettes des mots suivants d'après l'orthographe des mots qui en dérivent.

Blanc (blan*che*), tronc (tron*quer*), porc, por*t* (por*cher*, por*ter*), — bor*d*, sor*t*, bor*der*, sor*tir*, bavar*d*, frian*d*, charman*t*, fécon*d*, poltron (bavar*de*, frian*de*, charman*te*, fécon*de*, poltron*ne*),

— coin*g*, san*g*, ran*g*, glan*d*, pla*n*, sein*g* (co*gner*, san*glant*, ran*ger*, glan*de*, pla*ne*, si*gner*), — dra*p*, pla*t*, ra*s*, galo*p*, complo*t*, cham*p* (dra*pier*, pla*te*, ra*se*, galo*per*, complo*ter*, cam*pagne*), — acce*s*, avi*s*, bra*s*, ba*s*, bâ*t*, comba*t*, compa*s*, boi*s*, choi*x*, noi*x*, étroi*t*, dispo*s*, do*s*, épai*s*, parfai*t* (acce*ssible*, avi*ser*, bra*ssière*, ba*sse*, bâ*ter*, comba*ttre*, compa*sser*, boi*ser*, choi*sir*, noi*sette*, étroi*te*, dispo*ser*, do*ssier*, épai*sse*, parfai*te*), — abrico*t*, so*t*, chau*d*, clo*s*, acciden*t*, adroi*t*, doi*gt*, froi*d*, affron*t*, profon*d*, ar*t*, tribu*t*, brui*t*, concer*t*, déser*t*, (abrico*tier*, so*tte*, chau*de*, clo*se*, acciden*tel*, adroi*te*, doi*gté*, froi*de*, affron*ter*, profon*de*, ar*tifice*, tribu*taire*, ébrui*ter*, déconcer*ter*, déser*ter*), soyeu*x*, spacieu*x*, épou*x*, tou*t*, fau*x* (soiyeu*se*, spacieu*se*, épou*se*, tou*te*, fau*sse*.)

2° Exercer les élèves à chercher et à écrire dix mots finissant par un *d* muet. — Dix mots par un *s*. — Vingt mots par un *t*. — Dix mots par un *x*.

d. Marchand, gourmand, liard, canard, lard, hasard, laid, bond, fond, sourd.

s. Matelas, pas, encens, mauvais, niais, pervers, revers, repos, éclos, reclus, refus, assis.

t. Débat, chat, légat, accent, décent, puissant, lot, sot, débit, défaut, dégoût, dépit, dévot, droit, écart, bout, peint, feint, enfant, rebut, début.

x. Creux, croix, doux, belliqueux, hargneux, noueux, paix, pierreux, insidieux, peureux.

3° Chercher et écrire les dérivés des primitifs précédents : *marchandise, gourmande, liarder, canardière,* etc.

IV. **Questionnaire.** — 107. Qu'est-ce que les dérivés d'un mot? — 108. Qu'est-ce que les mots primitifs? — 109 Comment peut-on connaît e quand le mot primitif finit par une consonne muette et quelle est cette consonne?

V. **Principes.** — 107. Les *dérivés* d'un mot sont tous les mots qui sont formés de ce mot et en tirent leur signification.

108. On appelle *primitifs* les mots qui forment des dérivés.

109. On reconnaît généralement les finales muettes des primitifs à la consonne de l'une des dernières syllabes de leurs dérivés.

Ainsi lorsque la dérivation présente :

ch, *qu* ou *c*, on emploie	*c*,	*p*,	on emploie		*p*
d	— *d*,	*s*,	—		*s*
v	— *f*,	*t*,			*t*
gn ou *g*	— *g*,	*s*,	(équivalent de *z*),		*x*.
ill	— *l*.				

VI. **Devoir par écrit.** — 1° Mettre par écrit le premier exercice d'application et d'invention.

2° Mettre par écrit le second et le troisième exercices.

3° Écrire les phrases suivantes en rétablissant les lettres muettes remplacées par des points [1] et donner à la fin la liste des dérivés qui servent à indiquer les lettres muettes.

Phrases.

Avec le tem*p*s un peti*t* glan*d* devient un gran*d* chêne. Après un travail lon*g* et fatigan*t* on trouve le repo*s* plus dou*x*. L'enfan*t* vertueu*x* évite avec un soin scrupuleu*x* les propo*s* indécen*ts*, les mauvai*s* livres et les jeux de hasar*d*.

Tem*p*s (temporel, température), peti*t* (petite), glan*d* (glandée), gran*d* (grande), lon*g* (longueur), fatigan*t* (fatigante), repo*s* (reposer), dou*x* (douce), enfan*t* (enfantin), vertueu*x* (vertueuse), scrupuleu*x* (scrupuleuse), propo*s* (proposer), mauvai*s* (mauvaise), hasar*d* (hasarder).

4° Chercher et écrire les dérivés des primitifs suivants :

Accro*c* (accrocher). — Moribon*d* (moribonde), poignar*d* (poignarder), profon*d* (profondeur), retar*d* (retarder), secon*d* (seconder). — Faubour*g* (bourgade), haren*g* (harengère). — Grési*l* (grésiller), genti*l* (gentillesse). — Cou*p* (couper). — Ri*s* (risée), ra*s* (raser), suspen*s* (suspension), sen*s* (sensible), tapi*s* (tapisserie), traver*s* (traverser), trépa*s* (trépasser), troi*s* (troisième). — égou*t* (égoutter), emprunt (emprunter), érudi*t* (érudition), exploi*t* (exploiter), extrai*t* (extraite), forma*t* (formation), foue*t* (fouetter), flo*t* (flotter), idio*t* (idiotisme), lai*t* (laiterie), momen*t* (momentané), nui*t* (nuitamment), par*t* (partie), pon*t* (ponton), quar*t* (quartier), salut (salutation), séna*t* (sénateur), sau*t* (sau-

1 Les lettres italiques sont remplacées par des points dans le livre de l'elève.

ter), so*t* (sottise), toi*t* (toiture), ven*t* (venteux). — Belliqueu*x* (belliqueuse), fau*x* (fausse), noueu*x* (noueuse), pierreu*x* (pierreuse).

VINGT-NEUVIÈME LEÇON.

FINALES GRAMMATICALES NOMS ET ADJECTIFS.

OBSERVATION SUR LES LEÇONS QUI SUIVENT.

Nous avons déjà abordé, dans quelques-unes des leçons précédentes, certains cas où les formes orthographiques des mots dépendaient des règles grammaticales, c'est-à-dire de la connaissance de la nature des mots et des lois qui règlent leur construction et leur concordance. Comme les élèves n'ont pas encore appris à distinguer les diverses espèces de mots, et sont complétement étrangers à la connaissance de la syntaxe, nous avons dû chercher la solution de la difficulté sans y avoir recours, et établir les principes sur des observations pratiques à la portée des enfants.

Les leçons qui suivent abordent les terminaisons des noms et des verbes, en traitant des lettres muettes finales. Nous y sommes donc amenés à apprendre aux élèves ce que c'est qu'un *nom*, un *adjectif* et un *verbe*, et ce qu'il faut entendre par les expressions grammaticales de *masculin* et de *féminin*, de *singulier* et de *pluriel*, de *personnes* et de *temps*. Mais nous avons soin de mettre ces premières notions à leur portée et de les limiter rigoureusement au degré où ils ont besoin de les avoir pour comprendre ces leçons.

Ces notions, bien que très-élémentaires et très-restreintes, sont de quelque utilité même pour les élèves qui ne pousseraient pas plus loin leurs études. Quant à ceux qui continueront le cours de l'instruction primaire, elles les initieront par avance aux leçons et au langage de la grammaire proprement dite, et rattacheront leurs premiers pas dans cette carrière nouvelle à la marche déjà suivie par eux dans les études précédentes.

I. **Récapitulation.** — A quelle partie du mot appartenaient les lettres muettes que nous avons étudiées jusqu'ici ? (aux syllabes qui se trouvaient au commencement ou dans le corps des mots et aussi à la fin). Indiquer quelles sont les lettres muettes qui se rencontrent le plus fréquemment au commencement et dans le corps des mots.

II. **Exposition.** — Les lettres muettes qui nous restent à étudier appartiennent aux syllabes finales. Ces syllabes en présentent de fréquents exemples.

I.

	S
Un arbre vert.	Des arbres verts.
La vertu du chrétien.	Les vertus des chrétiens.
Le clou de la porte.	Les clous des portes.

II.

	X
Un beau tableau.	De beaux tableaux.
Un fardeau nouveau.	Des fardeaux nouveaux.
L'aveu de mon neveu	Les aveux de mes neveux.

III.

Le bois noueux.	Des bois noueux.
Un avis pernicieux.	Des avis pernicieux.
Un faux nez.	De faux nez.

Le maître fait lire le premier paragraphe du tableau en engageant les élèves à bien faire attention d'abord au sens des mots, et ensuite à la manière dont ils sont écrits.

M. De combien de personnes ou de choses est-il question dans les phrases de la première colonne?—*E.* On n'y parle que d'une seule personne ou d'une seule chose. — *M.* Et dans celle de la seconde colonne? — *E.* Les mots de la seconde colonne expriment tous plusieurs personnes ou plusieurs choses. — *M.* Voyez-vous une différence dans l'orthographe des mots de ces deux colonnes? — *E.* Oui, les mots de la seconde colonne sont tous terminés par un *s* muet. — *M.* Qu'en concluez-vous? — *E.* Que lorsqu'on parle de plusieurs personnes ou de plusieurs choses, il faut finir le mot par un *s* muet.

M. Maintenant retenez bien ce que je vais vous dire : quand un mot ne signifie qu'une seule personne ou qu'une seule chose, comme *un arbre, le chrétien, la vertu,* on dit qu'il est au *singulier*. Quand il désigne, au contraire, plusieurs personnes ou plusieurs choses, comme *des arbres, les chrétiens, les vertus*, on dit qu'il est au *pluriel*. Voyons si vous avez bien compris. Quand est-ce qu'un mot est au *singulier?...* Quand est-ce qu'un mot est au *pluriel?...* Montrez-moi dans le tableau les mots qui sont au singulier... Montrez-moi ceux qui sont au pluriel... Par quelle lettre se terminent les mots qui sont au pluriel? — *E*. Par la lettre muette *s* qu'on ajoute à la fin de ces mots.

Le maître fait lire le second paragraphe du tableau.

M. Montrez-moi les mots qui sont au singulier... Montrez-moi ceux qui sont au pluriel... Regardez par quelles lettres sont terminés les mots qui sont au pluriel. — *E*. Ils ne sont plus terminés par un *s*, mais par un *x*. — *M*. Faites attention à la dernière syllabe de ces mots; quelle est-elle? — *E*. Ils sont terminés par la syllabe *au* et *eu*. — *M*. Qu'en faut-il conclure? — *E*. Que les mots terminés par les syllabes *au* ou *eu* prennent un *x* muet au pluriel et non pas un *s*.

Le maître fait lire le troisième paragraphe, en faisant remarquer aux élèves que lorsqu'un mot finit déjà au singulier par un *s*, un *z* ou un *x* indiqués par la dérivation, il ne prend aucune autre lettre muette au pluriel.

Le maître fait relire consécutivement ces trois paragraphes, et explique aux élèves que les mots *arbre, vertu, clou, tableau, fardeau, chrétien, neveu* désignent les choses ou les personnes dont on veut parler, et qu'on les appelle, pour ce motif, des *mots-noms*, c'est-à-dire qui servent à nommer. Il leur montre ensuite que les mots *vert, beau, nouveau*, etc., désignent les qualités des personnes ou des choses qu'on a nommées, et que, pour ce motif, on les appelle des *mots-adjectifs*.

A quoi servent les mots *arbre, chrétien, vertu, clou, neveu*, etc.?... Comment appelle-t-on les mots qui servent à désigner les personnes ou les choses dont on veut parler?... A quoi servent les mots *vert, beau, nouveau*, etc.?... Comment appelle-t-on les mots qui servent à désigner les qualités des personnes ou des choses dont on parle?... Qu'est-ce qu'un *mot-nom?...* Qu'est-ce qu'un *mot-adjectif?*

Récapitulons toutes ces observations.

1er *paragraphe*. Les mots de la première colonne ne désignent qu'une SEULE PERSONNE ou une SEULE CHOSE. Ils sont au SINGULIER.

Les mots de la seconde colonne désignènt PLUSIEURS PERSONNES OU PLUSIEURS CHOSES. Ils sont au PLURIEL. Tous ces mots au pluriel sont écrits avec un s muet final.

2e *paragraphe*. Tous les mots au *singulier* de la première colonne ont leur dernière syllabe en AU ou en EU, et cette syllabe est terminée au *pluriel* non par un s mais par un x.

3e *paragraphe*. Tous les mots au *singulier* de la première colonne sont terminés par un s, un x ou un z; ils s'écrivent au *pluriel* dans la seconde colonne absolument comme au singulier.

Les mots *arbre, chrétien, tableau, fardeau, bois,* désignent des personnes ou des choses; ce sont des MOTS-NOMS.

Les mots *vert, beau, nouveau, noueux, pernicieux,* désignent les qualités des personnes ou des choses; ce sont des MOTS-ADJECTIFS.

III. **Exercices d'application et d'invention.** — 1° Indiquer dans les mots suivants la lettre muette du pluriel et exercer les élèves à faire passer la locution du singulier au pluriel.

L'enfant docile, le maître chéri, le soldat vaillant; — le caveau profond, le neveu étourdi, le corbeau noir; — le fils respectueux, le repas terminé; — le vœu imprudent, un mouton blanc, une brebis grasse, le veau gras, le jeu dangereux, l'aveu surpris, le jour serein, la nuit obscure, le vent frais, le fer chaud, le refus injurieux, le défaut caché, le cheveu gris, l'esprit concis, un gros chat, un soldat las, le gaz fluide, la voix fausse, le choix heureux.

2° Chercher et écrire vingt *mots-noms* qui s'écrivent au pluriel par un *s* muet, vingt par un *x,* et vingt qui s'ecrivent au pluriel comme au singulier. Mettre chacun des mots au pluriel en y ajoutant un adjectif convenable.

Singulier.	*Pluriel.*	*Singulier.*	*Pluriel.*
Un homme,	des hommes laborieux.	Le foin,	les foins coupés.
L'enfant,	les enfants dociles.	L'herbe,	les herbes flétries.
Un elève,	des élèves studieux.	Le blé,	les bles mûrs.
Le chien,	les chiens caressants.	Une tache,	des taches grasses.
Cette maison,	ces maisons elevées.	Une taupe,	des taupes nuisibles.
Une rue,	des rues alignées.	La colombe,	les colombes innocentes.

Singulier.	*Pluriel.*	*Singulier.*	*Pluriel.*
Ce chemin,	ces chemins déserts.	L'arbre,	les arbres verts.
Un raisin,	des raisins noirs.	Le rosier,	les rosiers fleuris.
Le pont.	les ponts suspendus.	Le poison,	les poisons mortels.
La plume,	les plumes blanches.	Une branche,	des branches sèches.
Ce ruisseau,	ces ruisseaux rapides.	Un bandeau,	des bandeaux étroits.
Le bateau,	les bateaux légers.	Un château,	des châteaux lointains.
Un râteau,	des râteaux brisés.	Le joyau,	les joyaux précieux.
Le chapeau,	les chapeaux gâtés.	Un tuyau,	des tuyaux enterrés.
Ce manteau,	ces manteaux percés.	Un étau,	des étaux serrés.
Un marteau,	des marteaux pesants.	Le neveu,	les neveux respectueux.
Le coteau,	les coteaux boisés.	Un jeu,	des jeux enfantins.
Un pinceau,	des pinceaux usés.	L'aveu,	les aveux pénibles.
Le rameau,	les rameaux bénits.	Un chou,	des choux desséchés.
Le bureau,	les bureaux obscurs.	Le hibou,	des hiboux craintifs.
Le corps,	les corps célestes.	Le choix,	les choix judicieux.
Le pays,	les pays inconnus.	La croix,	les croix brisées.
Un amas,	des amas désordonnés.	La voix,	les voix aigues.
Le taillis,	les taillis epais.	Une noix,	des noix tombées.
Un progrès,	des progrès soutenus.	Le crucifix,	les crucifix consolateurs.
Le proces,	les procès injustes.	Le faix,	les faix écrasants.
Le bois,	les bois silencieux.	Le prix,	les prix desirés.
Un galetas,	des galetas misérables.	Un nez.	des nez aquilins.
Le fracas,	les fracas effroyables.	Le Natchez,	les Natchez sauvages.
Le bras,	les bras robustes.	Le riz.	les riz abondants.

V. **Questionnaire.** — 110. Comment appelle-t-on les mots qui servent à désigner les personnes ou les choses dont on veut parler. — 111. Comment appelle-t-on les mots qui servent à désigner les qualités des personnes ou des choses? — 112. Quand est-ce qu'un mot est au *singulier*? — 113. Quand est-ce qu'il est au *pluriel?* — 114. Comment sont terminés au pluriel les mots-noms qui ne finissent au singulier ni par *au*, ni par *eu?* — 115. Comment sont terminés aupluriel les mots-noms qui finissent au singulier par *au* et par *eu*? — 116. Comment sont terminés au pluriel les mots-noms qui finissent au singulier par *s*, *x*, *z* ?

V. **Principes.** — 110. Les mots qui servent à désigner les personnes ou les choses dont on veut parler sont appelés *mots-noms*.

111. Les mots qui servent à désigner les qualités des choses ou des personnes sont appelés *mots-adjectifs*.

112. Quand un mot désigne une seule personne ou une seule chose, on dit qu'il est au *singulier*.

113. Quand un mot désigne plusieurs personnes ou plusieurs choses, on dit qu'il est au *pluriel*.

114. Les mots qui ne finissent au singulier ni par *eu* ni par *au*, prennent un *s* final muet au pluriel.

115. Les mots qui sont terminés au singulier par *au* et par *eu*, prennent un *x* final muet au pluriel au lieu d'un *s*.

116. Les mots qui finissent déjà au singulier par un *s*, par un *x* ou par un *z*, s'écrivent de même au pluriel.

VI. **Devoir par écrit.** —1° Mettre par écrit le premier exercice d'application et d'invention.

2° Mettre par écrit le second exercice.

3° Mettre au pluriel les locutions suivantes :

Un conseil utile, un gros fagot, le saut périlleux, le grand sceau, le propos séditieux, un creux profond, un délit puni, la souris effrayée, le faux dieu, un canot léger, un vent frais, un discours ingénieux, un trou dangereux, le riz nouveau, la noix verte, le toit élevé, la soie jaune, le détail inutile, un clou pointu, le portail vert, un pieu aigu, un bateau chargé, un chameau obéissant, un feu vif, un serviteur soumis.

4° Mettre au singulier les locutions suivantes :

Les lieux silencieux, les champs fertiles, les ruisseaux frais, les chants harmonieux, les impôts lourds, les loisirs permis, des repos fréquents, les souris effrayées, les hirondelles fugitives, des poissons frits, des cheveux gris, des couteaux neufs, des perdrix rouges, des hasards heureux, les mauvais mots, de graves erreurs.

TRENTIÈME LEÇON.

FINALES GRAMMATICALES. — NOMS ET ADJECTIFS MASCULINS ET FÉMININS. — ACCORD DU NOM ET DE L'ADJECTIF.

I. **Récapitulation.** —Qu'est-ce que le *mot-nom?* Qu'est-ce que le *mot-adjectif?* En quoi le *mot-nom* diffère-t-il du *mot-*

adjectif? Quand est-ce qu'un *nom* est au singulier? Quand est-ce qu'un *nom* est au pluriel?

II. **Exposition.**

1.

Le père chéri.	La mère chérie.
Le fils obéissant.	La fille obéissante.
Un cousin étourdi.	Une cousine étourdie.
Le moissonneur diligent.	La moissonneuse diligente.
Un serviteur soumis.	Une servante soumise.

2.

Le bœuf tranquille.	La vache tranquille.
Le chien reconnaissant.	La chienne reconnaissante.
Un canard blanc.	Une cane blanche.
Un gros chat.	Une grosse chatte.
Un lion irrité.	Une lionne irritée.
Un mouton gras.	Une brebis grasse.

3.

Un bâton fendu.	Une perche fendue.
Un devoir terminé.	Une besogne terminée.
Le fruit cru.	La pomme crue.
Le couteau pointu.	La lame pointue.
Un mot vrai.	Une parole vraie.
Un chemin droit.	Une voie droite.

Le maître fait lire avec soin les mots du n° 1 du tableau, ligne par ligne. Il engage les élèves à porter à la fois leur attention et sur la signification de chaque mot, et sur sa forme, c'est-à-dire son orthographe. Il fait distinguer les noms et les adjectifs, et expliquer la raison de cette distinction; puis il adresse les questions suivantes :

M. Qu'indiquent les noms de la première colonne du n° 1? Sont-ce des choses ou des personnes? — *E.* Ils indiquent des personnes. — *M.* Les mots de la seconde indiquent-ils aussi des personnes? — *E.* Oui. — *M.* Remarquez-vous une différence entre les noms de cette seconde colonne et ceux de la première? — *E.* Oui, ceux de la première indiquent des hommes et ceux de la seconde indiquent des femmes. — *M.* Retenez bien ce que je vais vous apprendre. Quand un *nom* désigne un homme, on dit qu'il est du *genre masculin;* quand il désigne une femme, il est du *genre féminin.* De quel genre sont les noms de la première colonne?... ceux de la deuxième?... De quel genre est le mot le *père?*... un *cousin?*... la *mère?*... une *cousine?* etc.

Maintenant, examinez avec attention quelle est la forme des noms *masculins* et des noms *féminins.* Dites-moi les différences que vous apercevez dans la forme de ces mots. — *E.* Je remarque que devant les mots masculins il y a les petits mots *le* ou *un,* tandis que devant les mots féminins il y a les petits mots *la* ou *une.* — *M.* Qu'en concluez-vous? — *E.* J'en conclus qu'on met *un* ou *le* devant les mots masculins, et *la* ou *une* devant les mots féminins.

M. Regardez comment se terminent les mots masculins et les mots féminins dans ces exemples. N'apercevez-vous pas une différence dans leurs terminaisons? — *E.* Les mots masculins, à l'exception du nom *père,* finissent autrement que par un *e muet,* tandis que les mots féminins, à l'exception du mot *brebis* se terminent par un *e muet.* — *M.* Qu'en concluez-vous? — *E.* Que les mots féminins se terminent ordinairement par un *e muet,* et que les mots masculins ne se terminent pas ordinairement par cette lettre. — *M.* Vous pouvez donc conclure de là que l'*e muet* est le signe du féminin; aussi appelle-t-on syllabes FÉMININES celles qui sont terminées par un *e* muet, et syllabes MASCULINES celles qui sont terminées par une autre voyelle soit seule comme il pri*a,* soit précédée d'une consonne comme pi*été,* soit suivie d'une ou plusieurs consonnes, comme trés*or,* transp*ort,* dép*art*, con*certs,* etc. Qu'appelle-t-on syllabe *masculine?*... syllabe *féminine?*... Portez maintenant votre attention sur les adjectifs. Par quelle syllabe se terminent les adjectifs qui sont unis à des noms féminins? — *E.* Par une syllabe féminine, c'est-à-dire par une syllabe formée par un *e* muet. — *M.* Par quelle syllabe se terminent les adjectifs qui sont unis à un nom masculin? — *E.* Ils se terminent d'ordinaire par une syllabe masculine. — *M.* Vous avez bien fait de dire qu'ils se terminent ordinairement par une syllabe masculine, car comme il y a des noms masculins tels que *père, frère* qui finissent par une syllabe féminine, il y a aussi des adjectifs qui finissent au masculin par une syllabe féminine comme *tendre, fidèle, véridique*, etc. Dans ce cas ces adjectifs ont la même terminaison au féminin qu'au masculin. Dites-moi d'après cela comment on forme le féminin dans les adjectifs? — *E.* On forme le féminin dans les adjectifs en ajoutant un *e muet* au masculin, et si l'adjectif se termine déjà au masculin par un *e muet,* la terminaison du féminin est semblable à celle du masculin. — *M.* Puisque vous voyez que l'adjectif uni à un nom féminin prend la terminaison féminine, et qu'il prend la terminaison masculine quand il est uni à un nom masculin, vous devez en conclure que *l'adjectif doit être mis au même genre que le nom auquel il est uni,* c'est-à-dire auquel il se rapporte.

Examinez maintenant les phrases du n° 2. Quelle espèce d'objets indiquent les noms dans ces phrases : sont-ce des noms de personnes? — *E.* Non, ce sont des noms d'animaux. Ceux de la première colonne indiquent des animaux mâles et ceux de la seconde colonne des animaux femelles. Les premiers sont des noms *masculins,* les seconds sont des noms *féminins.* — *M.* Pouvez-vous faire à ces noms l'application des remarques que nous avons faites sur les précédents? — *E.* Oui : les noms masculins sont précédés des petits mots *le, un,* et sont terminés généralement par une syllabe masculine. Les noms féminins sont précédés des petits mots *la, une,* et sont terminés généralement par une syllabe féminine. Il en est ainsi pour les adjectifs. Tous les adjectifs qui se rapportent à des noms féminins sont terminés par une syllabe féminine, tandis que les adjectifs qui se rapportent à des noms masculins, sont terminés en général par une syllabe masculine.

Le maître fait faire la vérification de ces observations sur plusieurs mots.

M. Passons maintenant aux phrases du n° 3. Les noms

dans ces phrases indiquent-ils des personnes ou des animaux? — *E.* Non. Ils indiquent des plantes ou des choses qui ne sont pas animées et qui ne peuvent être ni mâles ni femelles. — *M.* Est-ce que tous ces noms sont du même genre? — *E.* Non. Les uns sont rangés parmi les noms masculins et les autres parmi les noms féminins. — *M.* Comment le reconnaissez-vous? — *E.* Je le reconnais à leur changement de forme, les uns étant précédés des petits mots *le*, *un*, et ayant une terminaison masculine, les autres étant précédés de *la*, *une* et ayant une terminaison féminine.

Récapitulons toutes ces observations.

[1° Les phrases du n° 1 présentent des noms et des adjectifs.

Les noms de ces phrases désignent des personnes.

Ceux de la première colonne désignent des hommes. On dit qu'ils sont du GENRE MASCULIN.

Ceux de la seconde colonne désignent des femmes. On dit qu'ils sont du GENRE FÉMININ.

Les noms féminins de la seconde colonne sont précédés des petits mots LA ou UNE et terminés par une syllabe qui finit par un E MUET et qu'on appelle SYLLABE FÉMININE.

Les noms masculins de la première colonne sont précédés des petits mots LE ou UN et terminés par une syllabe formée d'une voyelle autre que l'*e* muet, et qu'on appelle syllabe MASCULINE.

2° Dans toutes ces phrases les adjectifs qui se rapportent à des noms féminins prennent la terminaison *féminine*, c'est-à-dire qu'ils finissent par un *e* muet. Ceux qui se rapportent à des noms masculins prennent la terminaison *masculine*.

3° Les noms des phrases du n° 2 désignent des animaux. Ceux de la première colonne désignent des animaux mâles; ils sont du *masculin*. Ceux de la seconde colonne désignent des animaux femelles; ils sont du *féminin*.

Les noms comme les adjectifs qui s'y rapportent suivent les règles précédemment exposées.

4° Les noms des phrases du n° 3 désignent des objets qui ne sont ni des personnes ni des animaux, et qui ne peuvent être ni mâles ni femelles. On connaît ceux qui sont féminins quand ils sont précédés des petits mots LA ou UNE, et qu'ils ont une terminaison féminine. On connaît ceux qui sont au masculin quand ils sont précédés des petits mots LE ou UN.

III. **Exercices d'application et d'invention.** — 1° Le maître indique aux élèves les noms suivants et les exerce à en déterminer le genre en les faisant précéder des mots *le, un, ce, cet, mon, ton, son* pour les noms masculins, et des mots *la, une, cette, ma, ta, sa,* pour les noms féminins. Il fait disposer sur une colonne séparée les noms de chaque genre.

Oncle, neveu, aïeule, écolier, berger, institutrice, reine, empereur, mendiante, cuisiniere; — chevrette, loup, génisse, ânesse, laie, mulet, oison; — table, bouc, plume, canif, papier, jardin, prairie, rosier, fève, branche, poire, raisin, orge, proie, haie, balai.

Un oncle.	Une aïeule.
Le neveu.	Une institutrice.
Cet écolier.	La reine.
Le berger.	Cette mendiante.
Un empereur.	La cuisinière.
Le loup.	Ma chevrette.
Mon mulet.	Ta génisse, etc.

2° Il les exerce à trouver un adjectif qui indique une qualité convenable au nom, soit bonne, soit mauvaise, et à mettre cet adjectif au même genre que le nom. (*Voyez la première colonne du tableau*[1].)

3° A trouver des noms féminins correspondant aux noms

1. Cette recherche des adjectifs pouvant convenir à un nom est un premier appel au jugement de l'enfant. Les maîtres ne doivent pas craindre d'insister et de revenir sur cet exercice dont ils peuvent tirer un parti très-utile, et qui plaît d'ailleurs aux enfants. Seulement il faut le leur faciliter au début en leur suggérant les mots qu'ils ont peine à trouver, et en les conduisant par des questions judicieuses à découvrir et à reconnaître les qualités propres aux objets, et à employer les mots ou les adjectifs qui les désignent. Consulter à ce sujet les exercices du *Cours de Langue*.

masculins, des noms masculins correspondant aux noms féminins, et à modifier en conséquence la terminaison de l'adjectif. (*Voyez la deuxième colonne du tableau.*)

Masculin.	*Feminin.*
Un oncle indulgent.	Une tante indulgente
Le neveu attentif.	La niece attentive.
Un écolier docile.	Une écolière docile.
Le berger soigneux.	La bergère soigneuse.
Un empereur puissant.	Une impératrice puissante.
Un loup féroce.	Une louve féroce.
Le mulet têtu.	La mule têtue.
Un oison irrité.	Une oie irritée.
Un banc commode.	Une chaise commode.
Un canif affilé.	Une lame affilée.
Un papier blanc.	La page blanche.
Le jardin potager.	La plante potagère.
Le rosier fleuri.	L'aubépine fleurie.
Le raisin mûr.	La pêche mûre.
Un brochet vorace.	Une truite vorace.
Un balai égaré.	Une balayette égarée.

Féminin.	*Masculin.*
L'aïeule vénérée.	L'aïeul vénéré.
Une bonne institutrice.	Un bon instituteur.
Une reine bienfaisante.	Un roi bienfaisant.
Une mendiante infirme.	Un mendiant infirme.
Une cuisinière habile.	Un cuisinier habile.
La petite chevrette.	Le petit chevreau.
Une génisse noire.	Un taureau noir.
Une ânesse rétive.	Un âne rétif.
La laie farouche.	Le sanglier farouche.
La table mise.	Le couvert mis.
Une plume taillée.	Un crayon taillé.
Une prairie verte.	Un gazon vert.
Une feve cuite.	Un pois cuit.
Une branche brisée.	Un rameau brisé.
La poire rafraîchissante.	Le citron rafraîchissant.
L'orge tardive.	Le froment tardif.
La proie désirée.	Le butin désiré.
La haie épaisse.	Le mur épais.

4° Il leur fait chercher et écrire dix noms masculins et dix noms féminins, 1° pour les personnes; 2° pour les animaux; 3° pour les choses.

Pour faciliter cette recherche sans retomber dans les mêmes mots, nous conseillons aux maîtres d'adopter un ordre déterminé et de procéder par catégories. Cette marche n'offre pas seulement l'avantage de faire trouver les mots plus facilement, elle apprend instinctivement aux élèves à classer leurs idées et à grouper celles qui ont de l'analogie. Ainsi, pour les noms de personnes, on peut rechercher :

1° Les noms qui ont rapport à la parenté : *le père, le fils, le gendre, le cousin, la mère, la fille, la bru, la cousine;*

2° Les noms qui ont rapport à l'âge, aux qualités ou aux défauts du corps ou de l'esprit : *le vieillard, l'adolescent, le malade, le boiteux, le menteur, l'étourdi, — la vieille, la malade,* etc.;

3° Les noms de dignité, de profession : *le juge, le colonel, le maire, le laboureur, le serrurier; — la supérieure, la présidente, la lingère, la fermière.*

Pour les noms d'animaux, on peut rechercher :

1° Les quadrupèdes : *le bœuf, le chien, la brebis, la chèvre,* etc.

2° Les oiseaux : *le vautour, le pigeon, le coq, la poule, la perdrix,* etc.;

3° Les poissons : *le brochet, le hareng, la tanche, la carpe;*

4° Les insectes : *le hanneton, le cousin, la mouche, la guêpe.*

Pour les noms de choses :

1° Les noms d'arbres et de plantes : *le chêne, le sapin, le chanvre, le froment, la vigne, la ronce, l'avoine.*

2° De choses naturelles : *le coteau, le vallon, le ruisseau, le vent; — la colline, la vallée, la rivière, la tempête.*

3° De choses artificielles ou faites par les hommes : *le pont, le canal, la tour, la route, la rue;*

4° D'ustensiles et d'instruments : *le semoir, le van, le pot, le couteau, le dé, le fil, la charrue, la bêche, la marmite, la fourchette, l'épingle, l'aiguille,* etc.

IV. **Questionnaire.** — 117. Quelles espèces d'objets peuvent désigner les noms? — 118. De quel genre sont les noms d'hommes ou de mâles? — 119. De quel genre sont les noms de femmes ou de femelles? — 120. De quel genre sont les noms de choses inanimées? — 121. Quelles sont les formes qui caractérisent le féminin? — 122. Quelles sont celles qui caractérisent le masculin? — 123. De quel genre sont les adjectifs? — 124. Comment se forme le féminin des adjectifs?

V. **Principes.** — 117. Les noms peuvent désigner des personnes, des animaux ou des choses.

118. Les noms qui désignent des hommes ou des mâles sont du genre MASCULIN.

119. Les noms qui désignent des femmes ou des femelles sont du genre FÉMININ.

120. Les noms des choses inanimées sont les uns du masculin, les autres du féminin, suivant l'usage de la langue.

121. Les noms féminins se terminent en général par un E MUET, et sont précédés des petits mots LA, UNE, etc.

122. Les mots masculins se terminent en général par une syllabe masculine et sont précédés des petits mots LE, UN, etc.

123. Les adjectifs qui se rapportent tantôt à des noms masculins, tantôt à des noms féminins, ont les deux genres.

124. Le féminin des adjectifs se forme en ajoutant un E MUET à la terminaison du masculin, quand l'adjectif ne finit pas déjà par un *e muet* au masculin.

VI. **Devoir par écrit.**—1° Mettre par écrit le premier et le deuxième exercice d'application et d'invention.

2° Mettre par écrit le troisième exercice.

3° Faire passer au pluriel les phrases du troisième exercice d'application et d'invention, en modifiant en conséquence les terminaisons des noms et des adjectifs. Exemples :

Des oncles indulgents,	des tantes indulgentes.
Les neveux attentifs,	les nieces attentives.
Les aïeules vénérées,	les aïeux vénérés.
De bonnes institutrices,	de bons instituteurs.

4° Chercher et écrire dix noms masculins et dix noms féminins : 1° de personnes ; 2° d'animaux ; 3° de choses.

TRENTE ET UNIÈME LEÇON.

FINALES GRAMMATICALES. — VERBES. — DISTINCTION DES PERSONNES.

I. **Récapitulation.** — Comment appelle-t-on les mots qui désignent les personnes et les choses? Comment appelle-t-on les mots qui désignent les qualités des personnes ou des choses? Quand est-ce qu'un *mot-nom* est au singulier? Quand est-ce qu'un *mot-nom* est au pluriel?

II. **Exposition.** —Examinez très-attentivement le tableau qui suit :

AUJOURD'HUI (PRÉSENT).

1° *Première personne.*		2° *Deuxième personne.*	
Singulier	Pluriel	Singulier.	Pluriel.
Je chante.	Nous chantons.	Tu chantes.	Vous chantez.
Je finis.	Nous finissons.	Tu finis.	Vous finissez.
Je vends.	Nous vendons.	Tu vends.	Vous vendez.
Je lis.	Nous lisons.	Tu lis.	Vous lisez.

3° *Troisième personne.*

Singulier	Pluriel.
Le frère chante.	Les frères chantent.
Il finit.	Ils finissent.
Il vend.	Ils vendent.
Il lit.	Ils lisent.
La sœur chante.	Les sœurs chantent.
Elle finit.	Elles finissent.
Elle vend.	Elles vendent.
Elle lit.	Elles lisent.

Le maître fait lire lentement chaque ligne du tableau, en engageant les élèves à bien faire attention, d'abord à ce que chaque mot veut dire, et ensuite à la manière dont il est écrit. Puis il procède à l'explication au moyen des questions suivantes, auxquelles il exerce les élèves à trouver des réponses convenables :

M. Le premier mot *je chante* exprime-t-il la même chose que le second *nous chantons?* — *E*. Non. Le premier veut dire que c'est *moi seul* qui chante, tandis que le second signifie que nous *chantons tous*. — *M*. Dans les mots *je chante* est-il question d'une ou de plusieurs personnes? — *E*. Il est question d'une seule. — *M*. Et dans les mots *nous chantons?* — *E*. Il est question de plusieurs. — *M*. Vous avez appris que lorsqu'un mot ne désigne qu'une seule personne ou un seul objet il est au *singulier*, et que quand il désigne plusieurs personnes ou plusieurs objets il est au *pluriel.* A quel *nombre* sont les mots *je chante?* — *E.* Ils sont au *singulier.* — *M.* A quel *nombre* sont les mots *nous chantons?* — *E.* Ils sont au *pluriel.*

M. Remarquez bien que les mots *je chante, nous chantons* expriment ce que je fais, ce que nous faisons. Vous rappelez-vous ce que désignent les *mots-noms* que nous avons déjà étudiés? — *E.* Les *mots-noms* désignent ou nomment les personnes ou les choses dont on veut parler. — *M.* Et que désignent les *mots-adjectifs?* — *E.* Ils désignent les qualités des personnes ou des choses. — *M.* Les mots *je chante, nous chantons,* sont-ils des *noms* ou des *adjectifs?* — *E.* Non, car ils ne désignent ni des noms de personnes ou de choses, ni des noms de qualités. — *M.* Qu'expriment-ils donc? — *E.* Ils expriment que l'on chante, c'est-à-dire ce que l'on fait. — *M.* Eh bien, les mots qui expriment *ce que l'on fait* s'appellent des *mots-verbes*. Retenez bien ce mot. Comment s'appellent les mots qui servent à exprimer ce que l'on fait? — *E.* Ils s'appellent des *verbes.* — *M.* Qu'expriment les *mots-noms?*..... Qu'expriment les *mots-adjectifs?*... Qu'expriment les *mots-verbes?*

Maintenant comparez les mots *je chante* aux mots de la seconde colonne *tu chantes.* Trouvez-vous quelque rapport ou quelque différence entre ces mots au point de vue de leur signification. *Tu chantes* est-il aussi un verbe? — *E.* Oui. — *M.* Ces mots expriment-ils absolument la même chose que les premiers *je chante?* — *E.* Ils expriment bien la même chose, mais faite par une autre personne. *Je chante* veut dire que c'est moi qui chante; *tu chantes* signifie que c'est toi, à qui je parle, qui chantes. L'action est donc la même, mais elle n'est pas faite par la même personne. — *M.* Remarquez-vous comment cette différence de personne est indiquée dans les deux locutions? — *E.* Je remarque que dans la seconde *tu* est substitué à *je* qui est dans la première. Je remarque en outre que la forme du mot *chante* varie aussi, puisque dans la seconde colonne *tu chantes,* il finit par un *s* muet qui n'est pas dans la première. — *M.* Nous appelons première personne celle qui parle, et deuxième personne celle à qui l'on parle. Qu'est-ce donc qui indique la première personne au singulier? —*E*. C'est le petit mot *je* placé devant le verbe. —*M*. Qu'est-ce donc qui indique la seconde personne? — *E*. C'est le petit mot *tu* placé devant le verbe, et en outre le *s* muet qui le termine.

M. En comparant les premiers et les seconds mots dans la première personne, n'y remarquez-vous pas une différence pour le sens et dans la forme? —*E*. Oui, pour le sens, *je parle*, indique que moi seul je parle, tandis que *nous parlons*, indique que nous parlons plusieurs ensemble. Le premier est donc au singulier, tandis que le second est au pluriel. — *M*. Quelle est la forme du nom de la première personne au singulier?... Quelle est sa forme au pluriel?... N'y a-t-il pas un autre changement de forme qui caractérise la différence des personnes au singulier et au pluriel? — *E*. Oui, au pluriel, le verbe change de terminaison et finit par *ons* avec un *s* muet final.

M. Les deux locutions *tu chantes* et *vous chantez* de la seconde colonne donnent-elles lieu aux mêmes observations? — *E*. Au pluriel *tu* se change en *vous* et le verbe prend la terminaison *ez*, qui diffère notablement de celle du singulier.

M. Comment indique-t-on la deuxième personne au singulier? — *E*. Par le mot *tu* placé devant le verbe, et par un *s* muet terminant la consonne finale. — *M*. Comment l'indique-t-on au pluriel? — *E*. Par le petit mot *vous* placé devant le verbe et par la terminaison *ez*.

M. Lisez maintenant avec attention les mots de la troisième colonne. Est-ce la personne qui parle qui fait l'action? — *E*. Non. — *M*. Est-ce la personne à qui l'on parle? — *E*. Non, c'est une autre personne qui n'est ni celle qui parle, ni celle à qui l'on parle. — *M*. On appelle cette personne nouvelle dont on parle, la *troisième personne*. Comment est indiquée cette *troisième personne* dans ces exemples? — *E*. Elle est indiquée au singulier par les mots le *frère*, *il*; la *sœur*, *elle* placés devant le verbe et dans les trois derniers verbes par la lettre muette *t*. — *M*. Qu'est-ce que le mot le *frère?* — *E.* C'est un nom masculin. — *M.* Qu'est-ce que le mot la *sœur?* — *E.* C'est un nom féminin. — *M.* De quoi *il* tient-il la place dans la seconde ligne? — *E.* Il tient la place du nom masculin *frère.* — *M.* De quoi le mot *elle* tient-il la place? — *E.* Du nom féminin *sœur.* — *M.* Vous devez en conclure que devant un verbe, au lieu de répéter un nom déjà employé, on lui substitue le petit mot *il* si le nom est masculin, et *elle* s'il est féminin.

Quelle différence trouvez-vous entre les mots de la colonne de droite et ceux de la colonne de gauche? — *E.* C'est que les noms de la colonne de droite indiquent *plusieurs frères* ou *plusieurs sœurs,* c'est-à-dire qu'ils sont au *pluriel* et qu'ils sont terminés par un *s* muet qui caractérise le pluriel, tandis que ceux de la colonne de gauche n'indiquent qu'un seul *frère* ou une seule *sœur* et sont au *singulier.*

M. En quoi reconnaît-on qu'un verbe est à la troisième personne? — *E.* En ce qu'il est précédé d'un nom et des petits mots *il* ou *elle* et qu'il se termine par un *t* muet, excepté lorsque la dernière syllabe est un *e* muet. Au pluriel, les mots qui précèdent le verbe prennent la marque du pluriel et le verbe finit par les deux consonnes muettes *nt.*

Récapitulons toutes ces explications dans les observations suivantes :

[1° Tous les verbes de la première colonne du n° 1 sont précédés du petit mot *je* qui indique la première personne du singulier ou celle qui parle. Ils sont terminés, à l'exception du dernier qui finit par un *e,* par la consonne muette *s.*

2° Les verbes de la deuxième colonne du n° 1 sont précédés du mot *nous,* qui indique la première personne du pluriel, et ils sont tous terminés en *ons* avec un *s* muet.

3° Les verbes de la première colonne du n° 2 sont précédés du mot *tu* qui indique la deuxième personne du singulier et sont terminés par un *s* muet.

4° Les verbes de la deuxième colonne sont precédés du

mot *vous* qui indique la deuxième personne du pluriel et se terminent par la finale *ez*.

5° Les verbes de la première et de la troisième colonne du n° 3 sont précédés d'*un nom singulier* ou des mots *il*, *elle* qui indiquent la troisième personne du singulier, et ils se terminent par un *t* muet, à l'exception du premier dont la syllabe finale est un *e*.

6° Les verbes de la deuxième et de la quatrième colonne sont précédés d'un nom pluriel ou des mots *ils* ou *elles* qui indiquent la troisième personne du pluriel, et leur syllabe finale se termine par les consonnes muettes *nt*.]

III. **Exercices d'application et d'invention.** — 1° Exercer les élèves à faire passer les verbes suivants par les formes précédemment étudiées.

Je raconte, — je tempère, — je réussis, — j'avertis, — je vends, — je répands.

Première personne.		*Deuxième personne.*	
Je raconte.	Nous racontons.	Tu racontes.	Vous racontez.

Troisième personne.

L'écolier raconte.	Il raconte.
La sœur raconte.	Elle raconte.
Les écoliers racontent.	Ils racontent.
Les sœurs racontent.	Elles racontent.

2° Même travail sur les verbes réunis suivants :

Je parle.	Nous parlons.
Je bénis.	Nous bénissons.
Je rends.	Nous rendons.
Tu parles.	Vous parlez.
Tu bénis.	Vous bénissez.
Tu rends.	Vous rendez.
Le frère parle.	Les frères parlent.
Il bénit.	Ils bénissent.
Il rend.	Ils rendent.
La sœur parle.	Les sœurs parlent.
Elle bénit.	Elles bénissent.
Elle rend.	Elles rendent.

Même travail sur les verbes *je couvre, je construis, je descends*.

IV. **Questionnaire.** — 125. Qu'est-ce que les mots VERBES et à quoi servent-ils? — 126. A quoi servent les *personnes* dans les verbes? — 127. Combien distingue-t-on de personnes et comment sont-elles indiquées? — 128. Comment se distingue la première personne au singulier et au pluriel? — 129. Comment se distingue la seconde personne? — 130. Comment se distingue la troisième personne?

V. **Principes.** — 125. Les mots qui expriment *ce que sont* ou *ce que font* les personnes ou les choses dont il est question dans la phrase sont appelés *mots-verbes*. Les mots-verbes servent donc à exprimer ce que l'on est ou ce que l'on fait.

126. Les personnes dans les verbes servent à exprimer quelle est la personne qui fait l'action dont on parle.

127. Les personnes dans les verbes sont au nombre de *trois* : la première personne ou celle qui parle, la seconde ou celle à qui l'on parle, la troisième ou celle de qui l'on parle. Ces trois personnes sont distinguées entre elles par les *noms* ou les *pronoms* placés devant le verbe, et par le changement de terminaison de ce verbe.

128. La première personne est indiquée au singulier par le pronom *je* et au pluriel par le pronom *nous* placés devant le verbe; elle se termine au singulier par *e* muet ou un *s* muet ou nul, et au pluriel par la terminaison *ons* avec un *s* final muet[1].

129. La seconde personne est indiquée au singulier par le pronom *tu*, et au pluriel par le pronom *vous*. Elle se termine toujours au singulier par un *s* muet, et au pluriel par la finale *ez*[1].

130. La troisième personne est indiquée au singulier par un nom ou par les pronoms *il* ou *elle* placés devant le verbe, et au pluriel par un nom pluriel ou les pronoms *ils* ou *elles*. Elle se termine au singulier par un *e* muet ou un *t* et au pluriel par les consonnes muettes *nt*.

---

1. La première et la deuxième personne du pluriel finissent quelquefois par *es*, on le verra dans les leçons suivantes.

VI. **Devoirs par écrit.** — 1° Mettre par écrit les exercices d'application et d'invention.

2° Faire passer successivement les verbes suivants par les formes précédemment étudiées.

Je favorise, j'examine, je prie ; — je salis, je conduis, je convertis ; — je fends, j'étends, je défends.

Première personne.		*Deuxième personne.*	
Je favorise.	Nous favorisons.	Tu favorises.	Vous favorisez.

Troisième personne.

Le père favorise.	Il favorise.	Les pères favorisent.
La mère favorise.	Elle favorise.	Les mères favorisent.

J'examine, etc.

3° Même travail avec les verbes réunis suivants :

1. L'enfant écoute, respecte, obéit.
2. La mère travaille, instruit, prie.
3. La rivière monte, grossit, déborde.
4. Le maître commande, avertit, récompense.

Première personne.		*Deuxième personne.*	
J'écoute.	Nous écoutons.	Tu écoutes.	Vous écoutez.
Je respecte.	Nous respectons.	Tu respectes.	Vous respectez.
J'obéis.	Nous obéissons.	Tu obéis.	Vous obéissez.

Troisième personne.

L'enfant écoute.	Les enfants écoutent.
Il respecte.	Ils respectent.
Il obéit.	Ils obéissent.

Première personne.		*Deuxième personne.*	
Je travaille.	Nous travaillons.	Tu travailles.	Vous travaillez.
J'instruis.	Nous instruisons.	Tu instruis.	Vous instruisez
Je prie.	Nous prions.	Tu pries.	Vous priez.

Troisième personne.

La mere travaille.	Les mères travaillent.
Elle instruit.	Elles instruisent.
Elle prie, etc.	Elles prient.

TRENTE-DEUXÈME LEÇON.

FINALES GRAMMATICALES. — VERBES-TEMPS.

I. **Récapitulation.** — A quoi servent les verbes dans le langage? A quoi servent les personnes dans les verbes? Combien distingue-t-on de personnes dans les verbes? Comment distingue-t-on les différentes personnes à chacun des deux nombres?

II. **Exposition.** — Vous avez vu précédemment comment les finales des verbes varient à chaque personne. Vous avez remarqué que le *s* muet final caractérise la première personne du singulier, sauf une exception, la seconde personne du singulier sans exception, ainsi que la première personne du pluriel. Vous avez remarqué en outre que la troisième personne du singulier est caractérisée par un *t* muet sauf une exception, et la troisième personne du pluriel par les lettres muettes *nt* sans exception.

Examinez maintenant le tableau suivant :

I.

AUJOURD'HUI (PRÉSENT).

Première personne.		*Deuxième personne.*	
Je chante.	Nous chantons.	Tu chantes.	Vous chantez.
Je finis.	Nous finissons.	Tu finis.	Vous finissez.
Je vends.	Nous vendons.	Tu vends.	Vous vendez.
Je lis.	Nous lisons.	Tu lis.	Vous lisez.

Troisième personne.

Le frère chante.	Les freres chantent.
Il finit.	Ils finissent.
La sœur vend.	Les sœurs vendent.
Elle lit.	Elles lisent.

II.

DEMAIN (FUTUR).

Première personne.		*Deuxième personne.*	
Je chanterai.	Nous chanterons.	Tu chanteras.	Vous chanterez.
Je finirai.	Nous finirons.	Tu finiras.	Vous finirez.
Je vendrai.	Nous vendrons.	Tu vendras.	Vous vendrez.
Je lirai.	Nous lirons.	Tu liras.	Vous lirez.

Troisième personne.

Le frère chantera.	Les frères chanteront.
Il finira.	Ils finiront.
La sœur vendra.	Les sœurs vendront.
Elle lira.	Elles liront.

III.

HIER (PASSÉ).

Première personne.		*Deuxième personne.*	
Je chantai.	Nous chantâmes.	Tu chantas.	Vous chantâtes.
Je finis.	Nous finîmes.	Tu finis.	Vous finîtes.
Je vendis.	Nous vendîmes.	Tu vendis.	Vous vendîtes.
Je lus.	Nous lûmes.	Tu lus.	Vous lûtes.

Troisième personne.

Le frère chanta.	Les frères chantèrent.
Il finit.	Ils finirent.
La sœur vendit.	Les sœurs vendirent.
Elle lut.	Elles lurent.

IV. — TEMPS SECONDAIRES.

PASSÉ.

Première personne.

Je chantais (quand).	Nous chantions.
Je finissais.	Nous finissions.
Je vendais.	Nous vendions.
Je lisais.	Nous lisions.

Deuxième personne.

Tu chantais.	Vous chantiez.
Tu finissais.	Vous finissiez.
Tu vendais.	Vous vendiez.
Tu lisais.	Vous lisiez.

Troisième personne.

Le frère chantait.	Les frères chantaient.
Il finissait.	Ils finissaient.
La sœur vendait.	Les sœurs vendaient.
Elle lisait.	Elles lisaient.

FUTUR.

Première personne.

Je chanterais (*si*).	Nous chanterions.
Je finirais.	Nous finirions.
Je vendrais.	Nous vendrions.
Je lirais.	Nous lirions.

Deuxième personne.

Tu chanterais.	Vous chanteriez.
Tu finirais.	Vous finiriez.
Tu vendrais.	Vous vendriez.
Tu lirais.	Vous liriez.

Troisième personne.

Le frere chanterait.	Les frères chanteraient.
Il finirait.	Ils finiraient.
La sœur vendrait.	Les sœurs vendraient.
Elle lirait.	Elles liraient.

M. Commençons par bien nous rendre compte de la signification des mots du tableau n° 2. Y retrouvez-vous les mêmes verbes que dans le tableau de la leçon précédente? — *E.* Oui, j'y retrouve les mêmes verbes. — *M.* Y ont-ils la même signification que dans le tableau précédent? Comparez les phrases correspondantes, et réfléchissez bien à ce qu'elles signifient. *Je chante* (aujourd'hui), *je finis* (aujourd'hui) expriment-ils absolument la même chose que *je chanterai* (demain), *je finirai* (demain). — *E.* Non : *je chante, je finis* signifient ce que je fais au moment *présent*, *je chanterai, je finirai* expriment ce que je ferai dans un temps qui n'est pas encore venu, dans un temps à venir ou *futur*. Dans le premier cas, le verbe signifie donc ce que l'on fait au moment *présent*; dans le second cas le verbe signifie ce que l'on fera dans un temps à venir, dans un temps *futur*. — *M.* Ainsi les premiers verbes sont au *présent*, les seconds sont au *futur*.

Examinez maintenant les verbes du troisième tableau. *Je chantai* (hier), *je finis, je vendis, je lus* (hier). Le verbe exprime-t-il encore ce que l'on fait au moment *présent*, ce que l'on fera au moment *futur*? — *E.* Non : il exprime ce que l'on a déjà fait, ce que l'on a fait dans un temps qui est maintenant *passé*. — *M.* Le verbe exprime donc ici ce que l'on a fait dans un temps *passé*. Il est à un temps *passé*. Vous devez donc en conclure que le verbe n'exprime pas seulement ce que l'on est ou ce que l'on fait, mais qu'il exprime encore la *personne* qui est ou qui fait; et de plus le *temps* dans lequel on est ou l'on fait quelque chose. Vous avez reconnu qu'il y a trois personnes dans les verbes. Quelles sont-elles ? — *E.* La première ou celle qui parle; la seconde ou celle à qui l'on parle; la troisième ou celle de qui l'on parle. — *M.* Cherchez combien il y a aussi de temps dans les verbes ? — *E.* Il y a trois temps : le *temps présent* qui exprime que l'on *est* ou que l'on *fait actuellement* quelque chose; le *temps futur* qui exprime que l'on *sera* ou que l'on *fera* quelque chose, postérieurement, dans un temps qui n'est pas encore venu, dans un temps à venir; le *temps passé* qui exprime que l'on *a été* ou que l'on *a fait* quelque chose *antérieurement* dans un temps qui n'est plus, qui est passé.

M. A quoi servent les temps dans les verbes?... Combien distingue-t-on dans les verbes de temps différents?... Qu'indique le présent?... le futur?... le passé?... Donnez des exemples d'un verbe au présent?... au futur?... au passé ?... Examinez à présent les formes des verbes du n° 2 et du n° 3. Remarquez d'abord que les personnes sont caractérisées par les mêmes petits mots que dans le n° 1. Vous devez donc en conclure que la première, la seconde et la troisième personnes sont indiquées dans tous les temps par les mêmes mots qui les précèdent. En est-il de même pour les terminaisons? — *E.* Non. Dans le n° 2, toutes les premières personnes du singulier finissent par la syllabe *rai* sans lettres muettes; et toutes les premières personnes du pluriel finissent par la syllabe *rons*, avec le *s* muet final qui se trouvait déjà dans les verbes du n° 1. Toutes les secondes personnes du singulier finissent par la syllabe *ras* avec le *s* muet final comme dans le n° 1, et toutes les secondes personnes du pluriel finissent par la syllabe *rez* dont la terminaison est semblable à celle des verbes du n° 1; enfin toutes les troisièmes personnes du singulier finissent par la syllabe *ra* sans lettre muette, et toutes celles du pluriel par la syllabe *ront* avec un *t* final muet.

Le maître fait rendre compte de la même manière des terminaisons du passé, en veillant à ce que les élèves remarquent et signalent les ressemblances et les différences.

Portons maintenant notre attention sur les verbes du n° 4. Observez bien que ceux du premier alinéa expriment un temps déjà passé, mais où l'action s'est faite en même temps qu'une autre. *Je chantais* quand j'étais content; *je finissais* quand vous commenciez.

Observez au contraire que ceux du second alinéa expriment un temps à venir, mais où l'action n'aura lieu que moyennant une condition. *Je chanterais* si j'étais content; *je finirais* si vous m'aidiez.

Le maître fait rendre compte des terminaisons de chaque personne au singulier et au pluriel. Il amène ainsi les élèves à conclure : 1° que, dans ces deux temps, toutes les premières et deuxièmes personnes du singulier finissent par la syllabe *ais* avec un *s* final muet; 2° que toutes les troisièmes personnes du singulier finissent par la syllabe *ait*, avec un *t* final muet; 3° que toutes les premières personnes du pluriel finissent par la syllabe *ons* avec un *s* final muet; toutes les secondes par la syllabe *iez*, et toutes les troisièmes par la syllabe *aient* avec *ent* muets. Il appelle l'attention des élèves sur cette dernière terminaison où l'*e* est muet et nul dans la prononciation, ainsi que les deux consonnes qui le suivent.

Récapitulons toutes ces observations.

[1° Les verbes du n° 2 n'expriment plus que l'action se fait dans un *temps présent*, mais qu'elle se fera dans un *temps futur*. Ils indiquent donc le futur; ils sont au *futur*.

Dans ce temps les premières personnes se terminent au singulier en *rai* et au pluriel en *rons* avec *s* muet. Les secondes personnes se terminent au singulier en *ras* avec *s* muet, et au pluriel en *rez*. Les troisièmes se terminent au singulier en *ra*, et au pluriel en *ront* avec *t* muet.

2° Les verbes du n° 3 expriment que l'action indiquée par le verbe a été faite dans un temps qui n'est plus, dans un *temps passé*. Le verbe indique le passé; il est au *passé*. Dans ce temps, les premières personnes se terminent au singulier par un *s* muet, à l'exception du premier verbe qui se termine en *ai*, et au pluriel par la syllabe *mes* avec un *s* final muet; les secondes personnes se terminent toutes au singulier par un *s* muet, et au pluriel par cette même lettre muette; les troisièmes se terminent toutes par un *t* muet, à l'exception du premier verbe qui se termine en *a*, et au pluriel par la syllabe *rent* avec *n* et *t* muets.

3° Les verbes du n° 4 expriment une action soit au passé soit au futur, mais qui n'a eu lieu ou qui n'aura lieu que dans certaines conditions. *Je chantais* quand j'étais content; *je chanterais* si j'étais content. On appelle ces temps, temps *secondaires*, parce qu'ils présentent une seconde forme du passé et du futur. Dans ces temps les premières personnes finissent au singulier par la syllabe *ais* avec *s* final muet, et au pluriel par la syllabe *ions* avec *s* final muet; les secondes finissent au singulier par la syllabe *ais* avec *s* muet, et au pluriel par la syllabe *iez* ; les troisièmes par la syllabe *ait* avec *t* final muet, et au pluriel par *aient* avec trois lettres muettes, *ent*. Ainsi on distingue trois temps dans les verbes : le *présent*, le *futur* et le *passé*, comme on distingue trois personnes : la première marquée par *je* ou *nous*, la seconde par *tu* ou *vous*, la troisième par un nom quelconque ou bien par *il*, *elle*, *ils*, *elles* qui remplissent l'office de nom.

Les troisièmes personnes du pluriel finissent toutes par *nt* ou *ent*, et les troisièmes du singulier par *t* muet, ou par *e* ou *a*; les secondes personnes finissent toutes au singulier par un *s* muet et au pluriel par la terminaison *ez* ou *es* avec *s* muet. Les premières personnes finissent au singulier par *s* muet, excepté au futur, et pour le premier verbe au présent et au passé; elles finissent toutes au pluriel par *s* muet.

III. **Exercices d'application et d'invention.** — 1° Faire passer les verbes *je parle, je bénis, je couds, je prends* par les formes du futur, du passé et des deux temps secondaires.

FUTUR.

Première personne.		*Deuxième personne.*	
Je parlerai.	Nous parlerons.	Tu parleras.	Vous parlerez.
Je bénirai.	Nous bénirons.	Tu béniras.	Vous bénirez.
Je coudrai.	Nous coudrons.	Tu coudras.	Vous coudrez.
Je prendrai.	Nous prendrons.	Tu prendras.	Vous prendrez.

Troisième personne.

Le frère parlera.	Les frères parleront.
Il bénira.	Ils béniront.
La sœur coudra.	Les sœurs coudront.
Elle prendra.	Elles prendront.

PASSÉ.

Première personne.		*Deuxième personne.*	
Je parlai.	Nous parlâmes.	Tu parlas.	Vous parlâtes.
Je bénis.	Nous bénîmes.	Tu bénis.	Vous bénîtes.
Je cousis.	Nous cousîmes.	Tu cousis.	Vous cousîtes.
Je pris.	Nous prîmes.	Tu pris.	Vous prîtes.

Troisième personne.

Le frère parla.	Les frères parlèrent.
Il bénit.	Ils bénirent.
La sœur cousit.	Les sœurs cousirent.
Elle prit.	Elles prirent.

TEMPS SECONDAIRES.

Première personne.		*Deuxième personne.*	
Je parlais.	Nous parlions.	Tu parlais.	Vous parliez.
Je bénissais.	Nous bénissions.	Tu bénissais.	Vous bénissiez.
Je cousais.	Nous causions.	Tu cousais.	Vous cousiez.
Je prenais.	Nous prenions.	Tu prenais.	Vous preniez.

Troisième personne.

Le frère parlait.	Les frères parlaient.
Il bénissait.	Ils bénissaient.
La sœur cousait.	Les sœurs causaient.
Elle prenait.	Elles prenaient.

Première personne.		*Deuxième personne.*	
Je parlerais.	Nous parlerions.	Tu parlerais.	Vous parleriez.
Je bénirais.	Nous bénirions.	Tu bénirais.	Vous béniriez.
Je coudrais.	Nous coudrions.	Tu coudrais.	Vous coudriez.
Je prendrais.	Nous prendrions.	Tu prendrais.	Vous prendriez.

Troisième personne.

Le frère parlerait.	Les frères parleraient.
Il bénirait.	Ils béniraient.
La sœur coudrait.	Les sœurs coudraient
Elle prendrait.	Elles prendraient.

2° Faire passer par toutes les formes du présent, du futur, du passé et des deux temps secondaires les verbes suivants : *je respecte le maître, j'obéis à Dieu, je détends la corde.*

Je respecte, nous respectons, etc.; je respecterai, etc.; je respectais, etc.; je respecterais, etc.

IV. **Questionnaire.** — 131. A quoi servent les temps dans les verbes? — 132. Combien distingue-t-on de temps et quels sont-ils? — 133. Comment les temps sont-ils indiqués dans les verbes? — 134. Les terminaisons qui indiquent les temps font-elles disparaître celles qui indiquent les personnes?

V. **Principes.** — 131. 1° Les temps servent à faire connaître à quelle époque l'action indiquée par le verbe a lieu.

132. 2° On distingue dans les verbes trois temps principaux, savoir : le *présent*, qui marque que l'action a lieu *actuellement*; le *passé*, qui marque qu'elle a eu lieu *antérieurement*; et le *futur*, qui marque qu'elle aura lieu *postérieurement*.

Outre ces trois temps principaux, on distingue aussi des temps *secondaires*.

133. 3° Les temps sont indiqués dans les verbes par les changements de terminaisons. Ainsi chaque temps a une terminaison qui lui est propre et qui le fait reconnaître.

134. 4° Les terminaisons qui indiquent les temps laissent subsister celles qui indiquent les personnes. Celles-ci restent donc les mêmes dans tous les temps, excepté à la troisième personne du pluriel du futur où il y a seulement un *t* muet au lieu de *nt*, et à la troisième personne du pluriel des temps secondaires où les consonnes muettes *nt* sont précédées d'un *e* muet.

VI. **Devoir par écrit.** — 1° Mettre par écrit le premier exercice d'application et d'invention.

2° Mettre par écrit le second exercice.

3° Faire passer par toutes les formes du présent, du futur, du passé et des deux temps secondaires deux des verbes suivants : *Je demande grâce, je perçois un revenu, j'entreprends un voyage, je pardonne une injure, je tends un piège.*

Je demande grâce.	Nous demandons grâce.
Tu demandes grâce.	Vous demandez grâce.
Le frère demande grâce.	Les frères demandent grâce.
Je demandai grâce.	Nous demandâmes grâce.
Tu demandas grâce.	Vous demandâtes grâce.
Il demanda grâce.	Ils demandèrent grâce.
Je demanderai grâce.	Nous demanderons grâce.
Tu demanderas grâce.	Vous demanderez grâce.
La sœur demandera grâce.	Les sœurs demanderont grâce.
Je demandais grâce.	Nous demandions grâce.
Tu demandais grâce.	Vous demandiez grâce.
Il demandait grâce.	Ils demandaient grâce.
Je demanderais grâce.	Nous demanderions grâce.
Tu demanderais grâce.	Vous demanderiez grâce.
Il demanderait grâce.	Ils demanderaient grâce.

Je perçois Tu perçois Le frère perçoit	} un revenu.	Nous percevons Vous percevez Les frères perçoivent	} un revenu.
Je perçus Tu perçus Il perçut	} un revenu.	Nous perçûmes Vous perçûtes Ils perçurent	} un revenu.

Je percevrai Tu percevras Il percevra	un revenu.	Nous percevrons Vous percevrez Ils percevront	un revenu.
Je percevais Tu percevais Il percevait	un revenu.	Nous percevions Vous perceviez Ils percevaient	un revenu.
Je percevrais Tu percevrais Il percevrait	un revenu.	Nous percevrions Vous percevriez Ils percevraient	un revenu

4° Même travail sur les verbes suivants : *j'étudie la leçon, je construis une maison, j'aperçois l'erreur, j'embellis le jardin.*

(Ces explications élémentaires sur les noms, les adjectifs et les verbes; sur les genres, les nombres, les personnes et les temps sont rigoureusement suffisantes pour les élèves qui ne sont pas destinés à poursuivre plus loin l'étude de la langue. Elles leur donnent les notions indispensables sur les éléments les plus usuels du langage, et les mettent sur la voie d'écrire passablement l'orthographe. Quant aux élèves qui doivent continuer cette étude, elles les initient d'avance à la distinction des espèces de mots et aux principes de la grammaire. Elles forment ainsi le point de jonction de l'orthographe proprement dite et de la grammaire, dont elles sont en quelque sorte le premier degré, et dont le cours qui va suivre est destiné à leur exposer les principes les plus essentiels.

Les deux leçons suivantes, qui résument les lois de la prononciation et de la syllabation, appartiennent autant à un cours de lecture qu'à un cours d'orthographe. Nous avons dû les renvoyer à la fin du cours, parce que, pour être bien comprises, elles supposent la connaissance de ce qui a été expliqué précédemment sur les doubles consonnes, les diphthongues, les équivalents et les lettres muettes.)

TRENTE-TROISIÈME LEÇON.

PRINCIPES SUR LA FORMATION DES SYLLABES.

I. **Récapitulation.**— Que faut-il entendre par voyelles et par consonnes *composées?* En quoi diffèrent-elles des voyelles et des consonnes *simples ?* Qu'est-ce que les lettres muettes? Donnez-en des exemples. Qu'est-ce que les doubles consonnes et dans quel cas les emploie-t-on ?

II. **Exposition.** — Une des conditions essentielles pour bien prononcer et pour écrire correctement, c'est de savoir partager les mots en syllabes, d'après les règles tirées de la nature même de leurs éléments et des lois de la prononciation. Maintenant que vous connaissez bien les divers éléments dont se composent les mots, vous êtes en état de comprendre ces règles, et il vous suffira d'un peu d'attention pour vous les approprier. Examinez le tableau suivant.

SYLLABES TERMINÉES PAR DES VOYELLES.

Règle.

Pi lo te, ba di na ge, fi gu re, co lo ré.

Observations.

1. A mi e, i o de, a é ró, ré u ni e.
2. Jeu ne, rou te, fau te, cha peau, pei gne, din don, dî ner, lim be, li me, can ton.
3. Dieu, fio le, toi se, pui se, soi gne.
4. Ai gu ë, Ca ïn, Mo ï se.
5. Pa y a, mo y en, dé la y er, so y eux.
6. Dé voue ment, Saô ne, ao ris te, août.

Le maître fait lire les deux premières lignes ; il fait remarquer dans la première, que chaque voyelle est réunie à la consonne qui la précède et non pas à celle qui la suit. — Il fait remarquer ensuite que, dans la seconde ligne, les voyelles initiales restent seules, ainsi que celles qui, dans le corps d'un mot, sont précédées d'une autre voyelle.

Les voyelles dans le corps d'un mot se réunissent-elles à la consonne qui précède ou à celle qui suit?... Qu'arrive-t-il si elles sont précédées d'une autre voyelle?... Et si elles commencent le mot?...

Le maître fait lire la troisième ligne, *jeune*, *route*, etc.

M. Pourquoi les combinaisons *eu, ou, on, eau, ei* sont-elles réunies aux consonnes qui les précèdent? — *E.* Parce que ce sont des voyelles composées ou des équivalents de voyelles, et que les voyelles simples ou composées, ainsi que les équivalents s'unissent aux consonnes qui les précèdent et non pas à celles qui les suivent.

M. Lisez *dindon, limbe,* etc., et observez bien surtout les derniers exemples... Que remarquez-vous? — *E.* Que dans les mots *dindon, limbe, canton,* les voyelles nasales sont réunies aux consonnes qui les précèdent, comme le veut la règle; mais que dans *dîner, lime,* on les a séparées de sorte qu'il ne s'y trouve plus de nasales. — *M.* Il faut en chercher la raison. Dans *limbe,* de quelle lettre est suivie la nasale? — *E.* Elle est suivie d'une consonne. — *M.* Et dans *canton,* comment les nasales sont-elles placées? — *E.* L'une est suivie aussi d'une consonne; l'autre est à la fin du mot. — *M.* Dans les mots *dîner, lime,* que trouvez-vous après le *m* et le *n*? — *E.* Des voyelles. — *M.* Ainsi donc quand les voyelles *an, in, on, un* ou leurs équivalents *am, im, om, um* sont suivies d'une voyelle, sont-elles nasales? — *E.* Non; elles se séparent. La voyelle s'unit à la consonne qui précède, et le *n* ou le *m* à la consonne qui suit. — *M.* Quand donc *an, in, on, un* sont-ils nasals? — *E. An, in, on, un* sont nasals quand ils sont suivis d'une consonne ou qu'ils terminent le mot.

Le maître fait lire *Dieu, fiole* et la ligne suivante.

M. Quelles observations faites-vous sur ces lignes? — *E.* Que les diphthongues sont inséparables et s'unissent comme une voyelle simple ou composée à la consonne qui précède, à moins que la seconde des voyelles qui les composent ne soit surmontée d'un tréma, ou que ces voyelles ne soient séparées par un *h*. — *M.* Qu'arrive-t-il lorsque le tréma se trouve sur la seconde des deux voyelles qui formeraient ensemble une diphthongue ou une voyelle composée, ou lorsque l'*h* s'interpose entre elles? — *E*. Elles se séparent; la première s'unit à la consonne qui précède, et la seconde reste seule.

Le maître fait lire *paya, moyen*, etc.

M. Pourquoi l'*y* se trouve-t-il seul entre les syllabes qui le précèdent et qui le suivent? Est-ce qu'il forme une syllabe à lui seul? — *E*. Non, l'*y* ne forme pas une syllabe à lui seul, mais il appartient à la fois à deux syllabes. — *M*. Et comment cela se fait-il? — *E*. Parce qu'il équivaut à deux *i*: le premier de ces *i* s'unit à la syllabe qui précède et le second à celle qui suit.

Le maître fait lire la derniere ligne, *devouement, Saône*, etc.

M. Quelle remarque faites-vous sur ces mots? — *E*. Il s'y trouve des lettres qu'on ne prononce pas. — *M*. Et qu'en fait-on? — *E*. On syllabe comme si elles n'existaient pas, et on les laisse avec la syllabe précédente.

M. Récapitulons. Quelle est la règle générale pour syllaber? — *E*. Toute voyelle s'unit à la consonne qui précède et non à celle qui suit. — *M*. Qu'arrive-t-il si une voyelle commence le mot, ou si dans le corps du mot elle est précédée d'une autre voyelle? — *E*. Elle reste seule. — *M*. Les voyelles composées, les équivalents des voyelles, les voyelles nasales suivent-elles cette règle? — *E*. Oui. Elles sont toujours unies à la consonne qui les précède. — *M*. Les combinaisons *an, in, on, un* forment-elles toujours des voyelles nasales? — *E*. Non. Elles se séparent quand elles sont suivies d'une voyelle. — *M*. Comment syllabe-t-on les diphthongues? — *E*. Elles s'unissent à la consonne qui précède. — *M*. N'y a-t-il pas des cas où elles se séparent? — *E*. Oui. Les diphthongues et les voyelles composées se séparent lorsqu'elles sont surmontées du tréma, ou séparées par un *h*. — *M*. Comment syllabe-t-on l'*y*? — *E*. On le sépare en deux *i*, dont le premier s'unit à la syllabe précédente et le second à la syllabe qui suit. — *M.* Que fait-on des voyelles nulles? — *E.* On n'en tient aucun compte et on syllabe les mots où il y en a comme si elles ne s'y trouvaient pas.

Résumons ces observations.

Règle. La voyelle s'unit à la consonne qui précède et non à celle qui suit pour former une syllabe.

Observations. — 1. Une voyelle isolée ou suivie d'une autre voyelle forme à elle seule une syllabe.

2. Les voyelles composées sont considérées comme une voyelle simple, ainsi que les voyelles nasales.

Le *n* et le *m* suivis d'une voyelle cessent de former une voyelle nasale et s'unissent à la voyelle qu'ils précèdent, *a ni mé.*

3. Les diphthongues voyelles sont inséparables et ne forment qu'une seule syllabe.

4. Le tréma placé sur une voyelle la fait prononcer séparément et empêche de l'unir à la voyelle qui précède.

5. L'*y* précédé d'une voyelle tient la place de deux *i* et appartient à deux syllabes.

6. Les voyelles et les consonnes muettes ne comptent pour rien dans la syllabe.

III. **Exercices d'application et d'invention.** — 1° Exercer les élèves à syllaber les mots et les phrases suivantes en leur faisant rendre compte des motifs de ce partage des syllabes.

Solitude, vipère, capitale, iota, édifié, étiolé, géodésie, anémone, inutile, mutin, mutinerie, sympathie, paysage, engageant, amitié, toile, jointure, cahute, faute, Saül, envahit, begue, ambigue, égayer, j'envoyai, ennuyeux.

2° Faire chercher des mots pouvant offrir l'exemple de chacune des difficultés de la syllabation.

1. *Voyelles seules ou précédees de voyelles :* athéisme, diorama, aéré, fluide, oasis, déifié.

2. *Voyelles composées ou equivalents :* sauter, fouler, paume, reine, chapeau, chaîne, etc.

3. *Voyelles nasales :* rampe, sanguin, entendu, emploi, conte, complainte, rame, sanitaire, canine, animé détenu, anonyme, uni.

4. *Diphthongue, tréma, h :* voile, Zoïle, spahi, aider, enhardir, prohiber, ambiguë, figue, ciguë, ovoïde.

5. *Y, lettres nulles :* ass*e*oir, enrou*e*ment, enco*i*gnure, to*a*st, dévoiement, pa*o*n, ro*y*aume, pa*y*s, éga*y*er, emplo*y*er.

IV. **Questionnaire.** — 135. A quelle consonne doivent s'unir les voyelles? — 136. Qu'arrive-t-il pour les voyelles initiales? — 137. Comment syllabe-t-on l'*y*? — 138. Comment syllabe-t-on les voyelles nulles? — 139. Quand est-ce que le *m* et le *n* forment une voyelle nasale? — 140. Quand est-ce que le *m* et le *n* ne forment pas une voyelle nasale? — 141. Comment syllabe-t-on les voyelles séparées par un *h* ou surmontées d'un tréma?

V. **Principes.** — 135. 1° Toute voyelle simple, composée ou nasale, tout équivalent de voyelles, toute diphthongue s'unit à la consonne qui précède et non à celle qui suit.

136. 2° Toute voyelle initiale ou précédée d'une autre voyelle reste seule.

137. 3° L'*y* se décompose et s'unit en partie à la syllabe précédente et en partie à celle qui le suit.

138. 4° On ne tient aucun compte des voyelles nulles, et les mots où elles se trouvent sont syllabés comme si elles n'y figuraient pas.

139. 5° Le *n* et le *m*, qui constituent les voyelles nasales, ne s'unissent à la voyelle qui les précède, pour former une voyelle nasale, que lorsqu'ils sont suivis d'une consonne ou qu'ils terminent le mot.

140. 6° S'ils sont suivis, au contraire, d'une voyelle, ils cessent d'appartenir à une voyelle nasale, pour former une syllabe avec la voyelle qu'ils précèdent : *a né mo ne*, et non pas *an ém on e*.

141. 7° Les voyelles séparées par un *h* ou notées d'un tréma forment deux syllabes distinctes.

VI. **Devoir par écrit.** — 1° Mettre par écrit le premier exercice d'application.

2° Mettre par écrit le second exercice d'application.

3° Syllaber les mots suivants.

Solidité, Éole, Ionie, Réaumur, géant, Méhul, aéromètre, ponton, puni, emploi, émoi, ami, ambition, Coran, miroité, mirage, héroïne, luire, ployer, engouement, il jouera, il jouerait, nous jouerions, croyance, ambiguïté, animosité, cigue, fougue, ahuri, coïncidence, cahute, caïeu, caille, éhonté, aboiement, remuement, paysage, minime, épuisement, Abraham, feuillage, teinturier, pantin, épanoui, patiner, il tuera, ils éternueront, il louerait, elle jouera.

TRENTE-QUATRIÈME LEÇON.

SYLLABES TERMINÉES PAR DES CONSONNES, OU SYLLABES CONSONNANTES.

I. **Récapitulation.** — Comment sont terminées les syllabes que nous avons étudiées précédemment (par une voyelle)? Quelle est la règle générale que nous avons posée pour l'union des voyelles avec les consonnes dans les syllabes?...

II. **Exposition.** — Vous avez vu de quelle manière les voyelles concourent à former les syllabes, et nous avons parcouru tous les cas qui peuvent se présenter sous ce rapport dans la syllabation des mots relativement aux syllabes terminées par une voyelle. Il nous reste maintenant à étudier les syllabes terminées par des consonnes ou les syllabes *consonnantes,* ainsi que les règles relatives aux consonnes dans la syllabation. C'est ce que nous allons faire. Examinez le tableau suivant.

Règle.

Mar tyr, col por teur, fis cal, Cor beil, ob ser va teur, ins tinc tif, res pec té.

Observations.

1. Cha sse, ga mme, to nne, mie tte, nace lle, chie nne, re nne.
2. A pla nir, ou bli, re cru e, a illu er.
3. E xil, a xi o me, e xo de, ta xe.
4. Ba ptê me, di sci ples, si gnet.

Après avoir fait lire les mots de la règle, le maître, par ses questions, amène les élèves à remarquer :

Qu'une consonne suivie d'une autre consonne dans le corps d'un mot, s'unit à la voyelle qui précède et forme avec elle une syllabe terminée par une consonne, ou autrement dit, une syllabe *consonnante;*

Qu'il en est de même à l'egard de la consonne ou des consonnes qui terminent un mot.

Il fait lire les observations, et il prévient les éleves qu'elles ne sont point des exceptions à la regle précédente, mais des applications de cette regle aux cas spéciaux qui peuvent se présenter.

Ainsi la même consonne répétée forme *une double consonne,* qui reste inséparable dans la syllabation, comme si elle n'était qu'une seule lettre[1].

Ainsi la *diphthongue-consonne* est également considérée comme inséparable et ne se divise jamais.

Ainsi le *x* est considéré comme une diphthongue-consonne et s'unit à la voyelle qui suit.

Comment syllabe-t-on quand deux consonnes se suivent dans le corps d'un mot?... Que fait-on si les deux lettres qui se suivent forment une double lettre ou une diphthongue-consonne?... Comment agit-on à l'égard du *x?*...

M. Lisez *baptême, disciple,* etc. Que remarquez-vous dans ces mots? — *E.* Des lettres nulles qui n'influent en rien sur la syllabation et qui restent unies à la syllabe qui les suit.

M. Récapitulons. Quand deux consonnes se suivent dans le corps d'un mot, qu'arrive-t-il? — *E.* Elles se séparent et s'unissent, la première à la syllabe qui précède, et la seconde à la syllabe qui suit. — *M.* Cela a-t-il toujours lieu ainsi? — *E.* Les consonnes qui se suivent restent inséparables lorsqu'elles forment des doubles lettres ou des diphthongues. — *M.* Comment syllabe-t-on lorsque le mot renferme des consonnes nulles? — *E.* On n'en tient aucun compte, et on syllabe le mot comme si elles ne s'y trou-

---

1. Plusieurs *Méthodes de lecture* font syllaber *ton ne gam me, nacel le, muet te,* ce qui offre l'inconvénient de fausser la prononciation en formant des syllabes nasales à contre-sens, ou en faisant marquer la double lettre là où l'usage n'autorise à en faire entendre qu'une. Le mode de syllabation que nous proposons évite ce double inconvénient. Seulement, il exige que le maître avertisse l'eleve que l'*e* (muet) suivi d'une consonne double, ou d'un *x,* prend le son de l'*è* (ouvert) sans recevoir d'accent, comme cela a lieu quand il s'unit à une consonne pour former une syllabe consonnante, *eb, ec, ef, es,* etc.

vaient pas. — *M*. Comment syllabe-t-on le *x*? — *E*. Comme une consonne diphthongue.

Résumons ces observations.

Règle. Quand deux consonnes se trouvent ensemble dans le corps d'un mot, la première s'unit à la voyelle qui précède, et la seconde à celle qui suit.

Observations. 1. Les doubles consonnes restent inséparables et s'unissent à la voyelle qui les suit.

2. Il en est de même des consonnes diphthongues.

3. Il en est de même de la lettre *x* qui est considérée comme une consonne diphthongue.

4. Les consonnes muettes ne comptent pour rien dans la syllabation et s'unissent à la consonne qu'elles accompagnent.

III. **Exercices d'application et d'invention.** — 1° Exercer à syllaber les mots suivants en donnant la raison de la formation de chaque syllabe.

Articulation, pourtour, respirer, paragraphe, débouché, compagnonnage, quinze, abbesse, hommage, fourchette, accapareur, destruction, transcription, Ptolémée, spirituel, Flore, enflé, synthèse, les champs, un puits, san*g*sue[1], exem*p*ter, se*p*tième, mo*n*sieur, is*th*me, kir*s*ch, *s*ceptre, *s*cience, exiger, fixe, examen, oxyde, boxer, risque, fresque, suspecter, adopter, cordonnier, tocsin, accident[2], plénitude, déclarer, acclamation, accepter, ba*p*tistère, prom*p*titude, fai*s*ceaux, a*s*cension, axe, rixe, luxe, paradoxe.

2° Exercer à trouver des mots qui offrent pour la syllabation : 1° l'emploi des doubles consonnes; 2° l'emploi de diphthongues-consonnes; 3° l'emploi du *x*; 4° l'emploi de consonnes muettes ou nulles.

---

1. Nous écrivons en *italiques* les lettres nulles dans quelques mots où nous avons pensé devoir tenir en garde contre le danger d'une prononciation vicieuse.

2. Syllabez *ac cident* comme *toc sin*. Les deux c ne forment pas ici une double consonne, car le second, équivalant à *s*, il y a donc deux consonnes différentes.

1. Nappe, abbé, nacelle, collet, chatte, natte, passer, classe, glisser, occasion, addition, effroi, siffler, agglutiner, suggérer, somme, canne, étonner, carrière.

2. Construire, instruction, effleurer, affliger, influence, écraser, combler, double, éclat, scruter, incruster, espérer, suspendre, disculper, éclipse, transborder.

3. Examen, axe, rixe, fixité, axiome, mixtion, sixième, Xerxès, taxe, textile, texture, texte, sexe, moxa, oxyde, oxygène, inflexible.

4. Baptiste, orthographe, théâtre; les bancs pliaient; vous faites, ils diront, secret, sceptique, conscience, coup, cahot, chant; les enfants lisaient.

IV. **Questionnaire.** — 142. Comment syllabe-t-on deux consonnes qui se suivent dans le corps d'un mot? — 143. Comment syllabe-t-on les consonnes nulles? — 144. Comment syllabe-t-on les *doubles-consonnes* et les *diphthongues-consonnes* ? — 145. Comment syllabe-t-on le *x*?

V. **Principes.** — 142. 1° Deux consonnes qui se suivent dans le corps d'un mot se séparent : la première s'unit à la syllabe précédente, et la seconde à la syllabe qui suit, avec laquelle elle forme *une syllabe consonnante*.

143. 2° Toute consonne nulle n'est pas comptée dans la syllabation.

144. 3° Si les deux consonnes forment une *double-consonne* ou une *diphthongue-consonne*, elles restent inséparables et s'unissent à la voyelle qui suit.

145. 4° Il en est de même du *x* qui est considéré comme une diphthongue-consonne.

VI. **Devoir par écrit.** — 1° Mettre par écrit le premier exercice d'application et d'invention.

Mettre par écrit le second exercice.

2° Syllaber les mots et les phrases suivantes conformément aux règles établies.

Offrir, coffret, opposer, collection, j'appelle, accorder, succéder, occuper, reddition, suggestion, emmener, commode, année, tonneau, serrer, crispation, inscription, abstinence, scrofules, aptère, chlore, mnémon, esprit, perspicace, laxatif, soixante

Xérès, Saxe, mixte, support, amas, biais, trottoir, fusil, loup, ils venaient, anathème, le sceptre royal, Balthasar, sympathie ; ils délayaient, merveilleux, théoricien, calligraphie, exigue, ils dormaient, les faisceaux, les ennemis pillaient, d'héroïques efforts, une sainte en extase, explication de l'exemple, examiner les obstacles, scrutez vos consciences, dissimulez vos ennuis, instruisons les ignorants, pardonner les offenses.

3° Partager en syllabes en les séparant d'un trait, les mots d'un passage indiqué par le maître dans un des livres de récitation ou de lecture entre les mains des élèves.

FIN

PARIS — IMPRIMERIE DE J. CLAYE, RUE SAINT-BENOÎT, 7

INV

X

A LA MÊME LIBRAIRIE :

Petit-Jean, livre de lecture courante; par M. C. JEANNEL, prof près la Faculté des lettres de Montpellier, septième édition refo 1 très-fort vol. in-12. Prix, cart. 1 fr.

Ouvrage autorisé.

Manuel de morale et d'économie politique, à l'usage des classes ouvrières; par M. RAPET, inspecteur des écoles primaires de la Seine. 1 vol. in-18 jésus. Prix, br. 3 fr. 50 c.

Ouvrage qui a remporté en 1857, le prix extraordinaire de 10,000 fr. proposé par l'Académie des Sciences morales et politiques.

Études sur la signification et la propriété de l'expression, ou *Cours complémentaire de grammaire et de langue française*, par M. L.-C. MICHEL.

Livre du maître, 1 vol grand in-18. Prix, cart. 2 fr. 50 c.
Livre de l'élève, 1 vol. grand in-18. Prix, cart. 1 fr. 50 c.

Histoire Sainte abrégée, précédée d'une analyse des livres saints, suivie de l'histoire des Juifs jusqu'à leur entière dispersion, de l'histoire de la Palestine jusqu'à nos jours, enrichie d'une carte de la Terre Sainte et ornée de 28 jolies vignettes sur bois intercalées dans le texte, à l'usage des des classes; par M. EDOM, recteur honoraire, haut titulaire de l'Université, chevalier de la légion d'honneur. Nouvelle édition, augmentée d'un questionnaire. 1 vol. in-18. Prix, cart. » 75 c.

Ouvrage approuvé par le conseil de l'Instruction publique et par LL. EE. les Cardinaux-Archevêques de Bordeaux et de Lyon, NN. SS. les Archevêques d'Avignon, de Cambrai, de Paris, de Rouen, les Évêques de Bayeux, de Coutances et Avranches, de Langres, du Mans, de Meaux, du Puy, de Séez, de Soissons et Laon, et de Versailles, et adopté exclusivement par la ville de Paris pour toutes ses écoles.

Histoire de France abrégée, depuis les temps les plus reculés jusqu'à nos jours, à l'usage de tous les établissements d'instruction publique; par M. A. MAGIN, inspecteur général de l'Instruction publique. 1 vol. in-18. *Nouvelle édition.* Prix, cart. » 80 c.

Ouvrage adopté par la ville de Paris pour toutes ses écoles.

Le même ouvrage, suivi d'une table chronologique des principaux événements de l'histoire de France et d'un questionnaire et de tableaux généalogiques. 1 très-fort vol. in-18. Prix, cart. 1 fr. »»

Abrégé de Géographie moderne, comprenant : un Précis de la Géographie de la Palestine, et 1° les premières notions de la *Sphère*, la division naturelle du globe et l'explication des termes employés en géographie; la population générale du globe, les races diverses, les religions; 2° la description physique et politique des cinq parties du monde; 3° une géographie particulière de la France renfermant tous les détails statistiques, commerciaux et politiques qui s'y rapportent; par MM. ALF. MAGIN, inspecteur général de l'Instruction publique, et CH. BARBERET, inspecteur d'Académie. *Ouvrage autorisé.* 1 vol. in-18. Prix, cart. » fr. 75 c.

Coulommiers. — Imprimerie de A. MOUSSIN.

www.ingramcontent.com/pod-product-compliance
Lightning Source LLC
Chambersburg PA
CBHW072235270326
41930CB00010B/2137
* 9 7 8 2 0 1 3 5 1 0 4 2 4 *